AF524950

Diese Ansicht wurde in den 1950er Jahren durch die Werke des Psychiaters Fredric Wertham (1895-1981), insbesondere *Seduction of the Innocent* (1954), verstärkt. Wertham behauptete, dass Comics Gewalt und Kriminalität fördern würden und moralisch verderblich seien. Diese Anschuldigungen führten zu öffentlichen Debatten und schließlich der Einführung des Comics Code, einer Selbstzensur der Comicindustrie, um den negativen Ruf zu mildern. Auch von der Wissenschaft wurden Comics lange Zeit nicht ernst genommen. Sie galten als minderwertige Kulturprodukte, die weder intellektuelle Tiefe noch künstlerischen Wert besäßen. Gerade die Dominanz der Bilder wurde hier als Nachteil ausgelegt, da sie uneindeutig seien.

An der (langsamen) Rehabilitierung des Mediums und der Revision dieser Haltung haben Sach- und Wissenschaftscomics tatsächlich einen erheblichen Anteil. So erkannte z. B. bereits während des Zweiten Weltkriegs das US-amerikanische Militär das Potenzial von Comics als effektives Kommunikationsmittel, besonders zur Schulung und Information von Soldaten. Niemand Geringeres als Will Eisner (1917-2005), Erfinder von *The Spirit* (1940-1952), Pionier der Graphic Novel (vgl. Levitz 2015, Braun 2021) und damals als Corporal Teil der Army, trug mit seinen Handbüchern zur Ausrüstungspflege in Comicform dazu bei, die Lebensdauer der Ausstattung zu verlängern (Braun 2021, 84f). Seine visuellen Darstellungen halfen, Sprach- und Lesebarrieren zu überwinden und sicherzustellen, dass die Anweisungen korrekt umgesetzt wurden. Ihr humorvoller und ansprechender Stil weckte zudem das Interesse und die Aufmerksamkeit der Soldaten und stellte darüber eine Art Verbindlichkeit her. Die Fähigkeit von Comics, technische und komplexe Informationen auf einfache und ansprechende Weise zu vermitteln, führte dazu, dass sie ein wichtiges Werkzeug in der militärischen Ausbildung und Wartung wurden. Auch aus dem Segment der Unterhaltungscomics gibt es Beispiele, die über wissenschaftliche Sachinhalte und einen aufklärerischen Ansatz maßgeblich zur Neubewertung des Comics beitrugen. Im Jahr 1971, angeregt durch das US-Gesundheitsministerium, verfasste Stan Lee (1922-2018) eine dreiteilige Serie für seinen Superhelden *Spider-Man* (*Amazing Spider-Man* Nr. 96–98), in der die Auswirkungen und Herausforderungen des Drogenmissbrauchs thematisiert wurden. Diese realistische und eindringliche Darstellung hatte neben der didaktischen Funktion noch einen weiteren Effekt: Sie stellte die Relevanz und Aktualität der Themen, die in Comics behandelt werden konnten, unter Beweis. Der Erfolg und die positive Resonanz auf diese Hefte setzten das Gremium, das die Einhaltung des Comics Code prüfte, unter Druck, seine strengen Richtlinien zu überdenken. Schließlich führte dies zu einer Lockerung des Comics Code, wodurch zukünftig ebenfalls sozial relevante und kontroverse Themen in Comics behandelt werden konnten.

Die in diesem Sammelband gezeigten Comics, die auf Initiative der Young Academy Fellows der Akademie der Wissenschaften Hamburg in einem interdisziplinären Team aus Wissenschaftler:innen und Comickünstler:innen 2022 entstanden, zeigen auf eindrückliche Weise, wie das Medium Comic inzwischen in der Wissensvermittlung und als Denkanstoß eingesetzt werden kann. Zwar lassen sie sich direkt in die Kategorie der Sachcomics einordnen, ihre formale und visuelle Vielfalt verdeutlicht jedoch, dass eine klare Grenzziehung und Definition – wie beim generell beim Gegenstand Comic (vgl. McCloud 1993) – zwischen sog. *educational comics* (als ‚wissensvermittelnd') und *entertaining comcis* (zur Unterhaltung) schwierig und wenig zielführend ist. Denn in Bezug auf Sachcomics müssen sich diese Begriffe nicht ausschließen (Hangartner 2016, 291): „Rather than constituting a single genre, „educational comics" encompasses a large constellation of related (and somewhat overlapping) categories. [...] In the clearest case, the distinguished features of an educational comic include certain didactic purposes of the individuals and instructions that created and distributed it" (Rifas 2020,160f).

Zwar erscheinen Comics traditionell in Buch- oder Heftform, wobei das Umblättern der Seiten eine große Rolle spielt, aber auch die Darstellung von wichtigen Inhalte auf einer einzigen Seite, wie bei den Comics dieses Sammelbandes, findet sich und erinnert dabei an ein Präsentationsformat, das der Wissenschaft keineswegs fremd ist: das Wissenschaftliche Poster, wie es auf Konferenzen oder Symposien seit den 1980er Jahren verstärkt zum Einsatz kommt. Dabei werden einer typischerweise großformatigen Seite Text und Bilder kombiniert, um Forschungsergebnisse prägnant und verständlich zu vermitteln (vgl. Gosling 1999, 127). Um Aufmerksamkeit zu erzeugen und zu halten, kommt der visuellen Darstellungen von Thesen, Prozessen und Ergebnissen hier eine besondere Bedeutung zu. Überführt man diesen Ansatz in eine Comicform, die sich z. B. durch gerahmte Panels oder ausgewiesene Bildfelder, einen bewusst zeichnerischen Duktus und andere Charakteristika auszeichnet, wird deutlich, welchen Mehrwert die multimodale Erzählweise von Comics hat.

Wie erzeugen Comics nun aber Sinn und vermitteln Wissen? Ein wichtiges Kriterium ist die Simultanität der Rezeption, denn im Gegensatz zur linearen inhaltlichen Aufnahme einer Textseite wird die Seite des Comics zuerst als Ganzes wahrgenommen. So wird z. B. direkt beim Blick auf *Die Philosophie der Quantengravitation* das bekannte Ikon eines Atoms erkannt oder die Idee eines Querschnitts durch die Erde in *Die Ökologie des Klimawandels* (beide gezeichnet von Moritz Stetter). Auch zeitliche Ebenen können nebeneinander und damit Inhalte in Beziehung gesetzt werden, wie Stetter in Europas „Mann auf dem Mond"-Moment zeigt: Als Impuls für eigene Überlegungen flankieren Szenen aus der Jetztzeit mit der Aktivistin Greta Thunberg ähnlich gestaltete aus den Zeit des Wettlaufs zum Mond mit Martin Luther King als Redner.

Solche visuellen Elemente ermöglichen es den Lesenden, komplexe Konzepte und Symbole intuitiv zu erfassen, ohne dass eine textliche Erklärung notwendig ist. Bilder sind so gestaltet, dass ihre Bedeutung unmittelbar und universell verständlich ist. Doch nicht nur die unterschiedlichen bildlichen Zeichen sind relevant, auch die Verteilung auf der Seite oder die bewusste Variation von Darstellungsgrößen formt die Erkenntnis. Hier kann eine visuelle Hierarchie erschaffen werden, die vermittelt, welche Teile besondere Aufmerksamkeit erfordern und zentrale Punkte sind oder welche sich als Teilaspekte unterordnen. Beim Blick auf den Beitrag Neuroinflamation (Matteo Farinella) wird klar: Der Mensch ist Ausgangspunkt der Forschung und sein Wohlergehen ihr Ziel, in enger Zusammenarbeit mit der Forschenden. Der bewusste Einsatz von Einheitlichkeit erzeugt in Umkehrung dieses Prinzips eine Gleichheit, wie im Comic Colonial Man-Eaters von Birgit Weye. In der formalen Wiederholung der Darstellung stehen die einzelnen Aussagen nun gleichberechtigt nebeneinander, was den heutigen Forschungsansatz verdeutlicht. Darüber hinaus kann hier zu Wort kommen, wer oder was sonst keine eigene Stimme hat. Bei Weye ist es der materialisierte Mythos des Leopardenmenschen, bei Anna Fuchs Braintalk spricht dann auch das Gehirn selbst. Durch den vereinfachten, cartoonigen Zeichenstil und die zuvor bereits unbewusste Identifikation mit dem Medium Comic, löst dies keine Irritation aus, sondern die Betrachtenden folgen selbstverständlich der Narration durch das Organ. Solch unterschiedliche Stimmen können zusätzlich durch die Wahl einer entsprechenden Schrift unterstrichen werden...es wird deutlich: Alles was auf der Seite gezeigt wird ist in seiner gewählten Form und Position relevant.

Die Multimodalität aus Zeichen- und Textsystem ermöglicht es, visuelle und sprachliche Lernstile gleichermaßen anzusprechen. Die erzählerische

Herangehensweise weckt das Interesse und hilft, Informationen besser zu erinnern und zu verstehen. Hierzu trägt auch bei, dass räumliche und zeitliche Zusammenhänge selbst erschlossen werden (vgl. McCloud 1993). Die Fähigkeit von Comics anhand der eingesetzten Zeichen oder Charakteren, emotionale Reaktionen hervorzurufen, verstärken den Eindruck. Diese Flexibilität der Erzählebenen ermöglicht es, verschiedene Perspektiven und Dimensionen eines Themas zu beleuchten und den Leser:innen ein umfassenderes Bild zu vermitteln – oder durch bewusste Leerstellen oder Sprünge zum eigenen Denken anzuregen. Diese narrative Technik fordert, aktiv Lücken zu schließen und eigene Interpretationen zu entwickeln, was zu einer tieferen Auseinandersetzung mit dem Thema führt. Auf einer weiteren Ebene spiegelt dies das Wesen der Wissenschaft wider, die ebenfalls von offenen Fragen, Hypothesenbildung und der ständigen Suche nach neuen Erkenntnissen geprägt ist.

So unterstützen Comics nicht nur die Vermittlung wissenschaftlicher Inhalte, sondern fördern auch wissenschaftliches Denken und kreatives Problemlösen.

Bibliografie

Boehm, Gottfried: **Die Wiederkehr der Bilder**, in: **Was ist ein Bild?**, hrsg. von Gottfried Boehm, München 2006, S. 11-38.

Gosling, Peter J.: **Scientist's Guide to Poster Presentations**, New York 1999.

Hangartner, Urs: **Sachcomics**, in: **Comics and Graphic Novels. Eine Einführung**, hrsg. von Julia Abel und Christian Klein, Stuttgart 2016.

Braun, Alexander: **Krieg mit Tusche. 1942-1945**, in: **Kat. Will Eisner. Graphic Novel Godfather, Ausstellung schauraum: comic + cartoon Dortmund**, hrsg. von Alexander Braun, Berlin, neu 2021

Kunzle, David: **The Early Comic Strip. Narrative Strips and Picture Stories in the European Broadsheet from c.1450 to 1825**, Berkeley 1973.

Levitz, Paul: **Will Eisner. Champion of the Graphic Novel**, New York 2015.

Maar, Christa: **Iconic Worlds – Bilderwelten nach dem iconic turn**, in: **Iconic Worlds. Neue Bilderwelten und Wissensräume**, hrsg. von Christa Maar und Hubert Burda, Köln 2006, S. 11-14.

McCloud, Scott: **Understanding Comics. The Invisible Art**, Northampton 1993.

Maar, Christa/Hubert Burda (Hg.): **Iconic Turn. Die neue Macht der Bilder**, Köln 2004.

Rifas, Leonard: **Art. „Educational Comics"**, in: **Encyclopedia of Comic Books and Graphic Novels**, hrsg. von M. Keith Booker, Santa Barbara 2010, S. 159-169.

Wertham, Fredric: **Seduction of the Innocent**, New York 1954.

Was haben unsere Lebensmittel mit antiken Manuskripten gemeinsam?

Wissenschaftlerin Dr. Marina Creydt
Künstlerin Kirsten Gattermann

[INHALTLICHE BESCHREIBUNG]
Aufgrund der zunehmend globaleren Warenströme ist es in den letzten Jahren immer schwieriger geworden, die Authentizität von Lebensmitteln zu gewährleisten. In der Folge könnten sowohl Verbraucher:innen als auch redliche Lebensmittelunternehmer:innen etwa über den Anbau- oder Herkunftsort von Produkten getäuscht und betrogen werden. Massenspektrometrische Analysen (d.h. die Bestimmung von Molekülgewichten) zählen zu den Standardmethoden für die Untersuchung von Lebensmitteln. In den letzten Jahren haben sich vor allem sogenannte „non-targeted Omics-Analysen" durchgesetzt. Anders als bei „klassischen" Lebensmittelanalysen ist das Ziel dieser Strategien nicht nur die Erfassung einiger weniger Analyten (Prüfsubstanzen), sondern die Detektion ganzer zellulärer Ebenen, um „chemische Fingerabdrücke" von den Lebensmitteln zu erstellen. Mittels derartiger Ansätze lassen sich auch diffizile Fragestellungen bearbeiten – wie beispielsweise die Bestimmung der geografischen Herkunft von Lebensmitteln. Darüber hinaus können die Methoden für die Analyse von historischen Schriftartefakten eingesetzt werden, um beispielsweise Informationen über den Herstellungsprozess, die Autor:innen oder Leser:innen zu gewinnen sowie geeignete Maßnahmen zur Konservierung vornehmen zu können.

[REFLEXION]
Auf den ersten Blick mag es etwas ungewöhnlich erscheinen, dass sich eine Lebensmittelchemikerin der Analyse historischer Manuskripte zuwendet. Die entscheidende Verbindung liegt jedoch in der analytischen Herangehensweise, da für den chemischen Workflow grundsätzlich nicht relevant ist, welches Material untersucht wird. Der größte Unterschied besteht vor allem in der Probenahme. Während bei lebensmittelchemischen Analysen ausreichende Mengen an Analysenmaterial vorhanden sind, ist dies bei Manuskriptanalysen in der Regel stark begrenzt. Abgesehen von diesem Aspekt sind die nachfolgenden Schritte, einschließlich der Datenauswertung, sehr ähnlich.
In einem ersten Gespräch mit der Künstlerin wurden diese Gemeinsamkeiten herausgearbeitet sowie die unterschiedlichsten Fragestellungen besprochen, die auf diese Weise bearbeitet werden können. Anschließend gestaltete Kirsten Gattermann den Comic um den analytischen Workflow herum und reduzierte ihn auf die relevantesten Schritte und wissenschaftlichen Fragestellungen, um ihn möglichst verständlich zu gestalten. Die Zusammenarbeit ermöglichte uns beiden, darüber zu reflektieren, auch komplexe Zusammenhänge für jedermann zugänglich zu machen und entsprechend grafisch darzustellen.

WAS HABEN UNSERE LEBENSMITTEL MIT ANTIKEN MANUSKRIPTEN GEMEINSAM?

DR. MARINA CREYDT, LEBENSMITTELCHEMIE // COMIC: KIRSTEN GATTERMANN

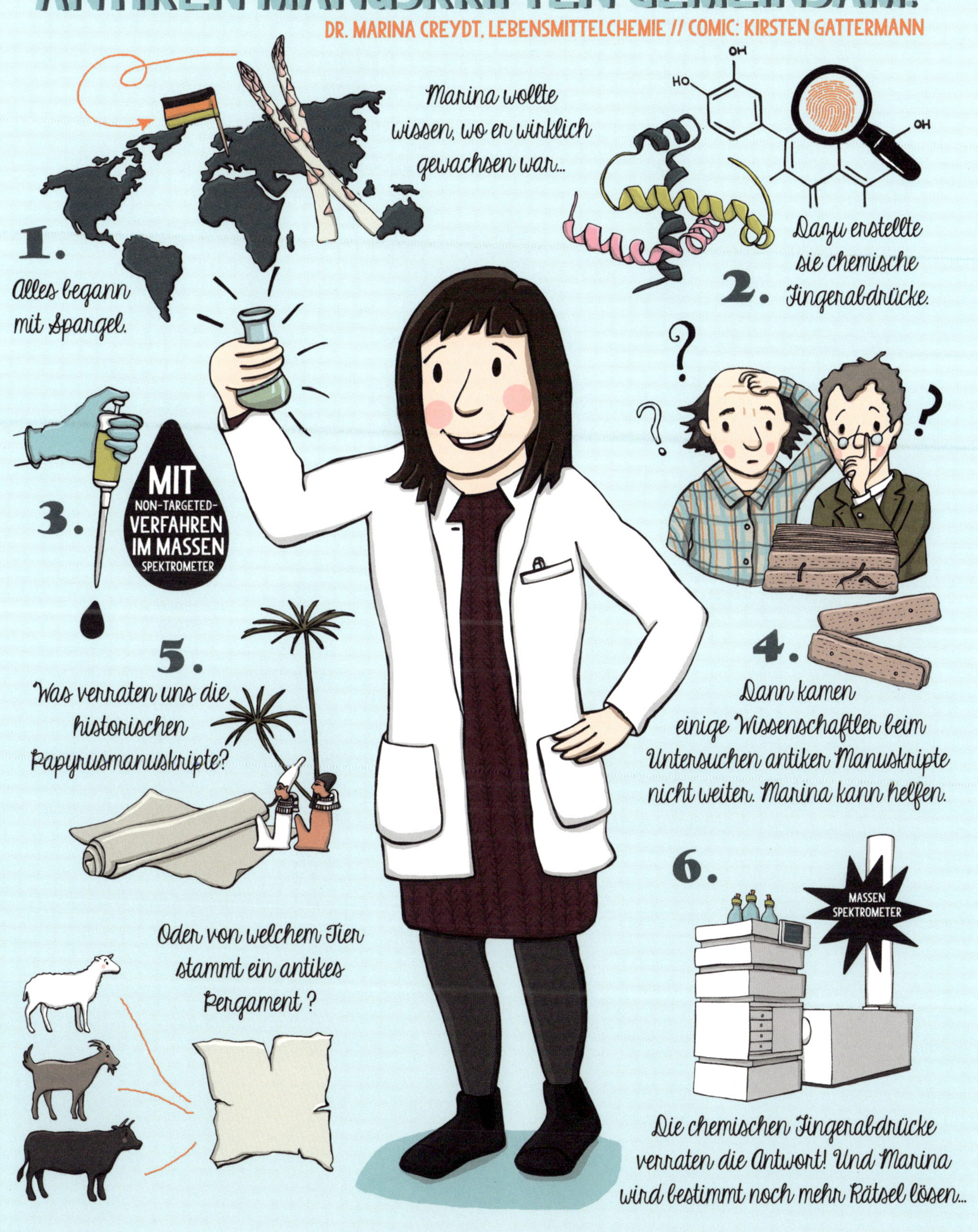

Der lange Teil-Methoden-Ganzes-System-Weg zur individualisierten Medizin

Wissenschaftler Jun.-Prof. Dr. rer. med. Johannes Hertel
Künstlerin Marlin Beringer

[INHALTLICHE BESCHREIBUNG]

Der lange Teil-Methoden-Ganzes-System-Weg-Comic reflektiert, wie wir über die Kombination systembiologischer Paradigmen zu einem Verständnis der biologischen Prozesse im Individuum Mensch finden. Der Aufhänger (oberer Teil), typisch comic-haft überspitzt, ist dabei die Darm-Gehirn-Achse, welche exemplarisch die individuelle Komplexität menschlicher und mikrobieller Biologie und deren Zusammenhänge mit unserer Gesundheit darstellt. Der mittlere Teil spielt auf die methodische Synthese von statistischer und deterministischer Modellierung an, während der untere Abschnitt die finale Vision des verfolgten Forschungsansatzes illustriert. Dabei fußt die methodische Synthese auf Datenbanken, die versuchen weltweit Wissen über menschliche und mikrobielle Biologie zu konsolidieren. Die Conclusio des Comics spiegelt daher nicht nur die methodologische Synthese, sondern auch die grundsätzlich kooperative, internationale Natur von Forschung in den Lebenswissenschaften.

[REFLEXION]

In der Spannung zwischen Verständlichkeit und verbildlichter Zuspitzung eines wissenschaftlichen Vorganges, der notwendigerweise sowohl interdisziplinär als auch international ist, lag sowohl die schöpferische Freude als auch die Herausforderung im Entstehungsprozess. Da ist zum Beispiel der plakative und nicht völlig ernstzunehmende Spruch „die lebenslange tumulte Hass-Liebe" zwischen Mensch und Mikrobe mache „verrückt". Obgleich nicht aus der Luft gegriffen, wie die umfangreiche Forschung zur Beziehung von neuropsychiatrischen Erkrankungen und Darmbakterien zeigt, handelt es sich hier aber doch um eine durch und durch, nun ja, unwissenschaftliche Behauptung.

Dies kann nicht nur als ironischer Kommentar auf den gesamtgesellschaftlichen Hype, in welchem man Darmbakterien gerne als die Verantwortlichen für jede Form des Wehwehchens und des Glückes deklariert, verstanden werden, sondern ist auch einfach Ausdrucks meiner persönlichen Freude sprachlich über die Stränge zu schlagen, wo ich mich sonst zu wissenschaftlicher Zurückhaltung und intellektueller Ehrlichkeit zu verpflichten versuche. Denn während Wissenschaft der argumentativen Transparenz, insbesondere im Bereich der quantitativen methodischen Arbeit, bedarf, lebt Kunst für mich vom Spiel mit der Verwirrung und von der Liebe zur Polysemie. Dies reflektiert auch die Entstehungsgeschichte des Titels, dessen erste Version (vom mir, dem berufsbedingt verwirrten Wissenschaftler, vorgeschlagen) sich „Der lange Teil-Methoden-Ganzes-System-Ich-Biologie-Modell-Wir-Weg zur individualisierten Medizin" las und in der Vielschichtigkeit der Bedeutungen wohlmöglich die Grenzen dessen, was in einem Wissenschaftscomic vermittelbar ist, übersteigt. Schließlich ist ein Wissenschaftscomic immer noch ein Instrument der Wissenschaftskommunikation, was, bei aller wissenschaftlicher Lust und allem ästhetischen Genuss am Unverständnis, gewisse Grenzen sowohl in der Komplexität des wissenschaftlichen Inhaltes als auch in der künstlerischen Verklausulierung setzt. Kurzum: Ein Wissenschaftscomic ist weder eine Veröffentlichung in Nature noch eine Erzählung von Kafka. Ein Wissenschaftscomic ist irgendetwas dazwischen. Alles drei macht Freude und birgt Einsichten über den Erkenntnisdrang des Menschen. Insofern schließe ich diesen Text mit einem der anderen Sätze, welche aus Platz- und Leseflussgründen der künstlerischen Vernunft zum Opfer gefallen sind und sich nicht im Comic wiederfinden. „Der Mensch, Ökosystem an sich, ist biochemisches Multiversum und evolutionäres Bündel widerstrebender Motive."

DER LANGE
TEIL-METHODEN-GANZES-SYSTEM-WEG
ZUR INDIVIDUALISIERTEN MEDIZIN

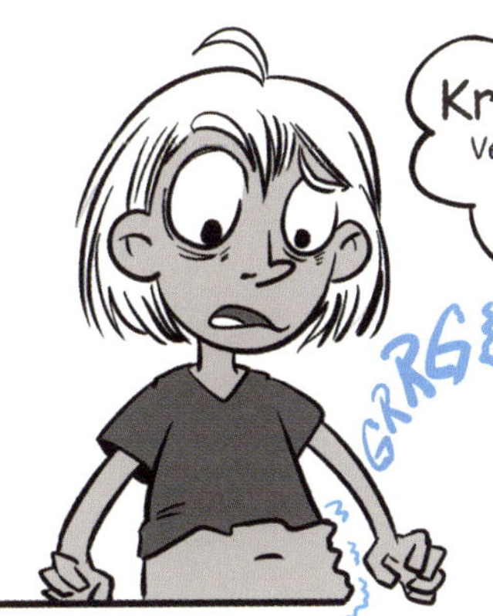

Lauschtest du dem metabolischen Geflüster deiner heimlichen Mitbewohner, es offenbarte sich so manch dunkles Geheimnis:

Die Darm-Gehirn-Achse, die lebenslange tumulte Hass-Liebe zwischen Mensch und Pilz, Bakterium und Virus im Darm, manipuliert, macht glücklich und - ab und zu - verrückt.

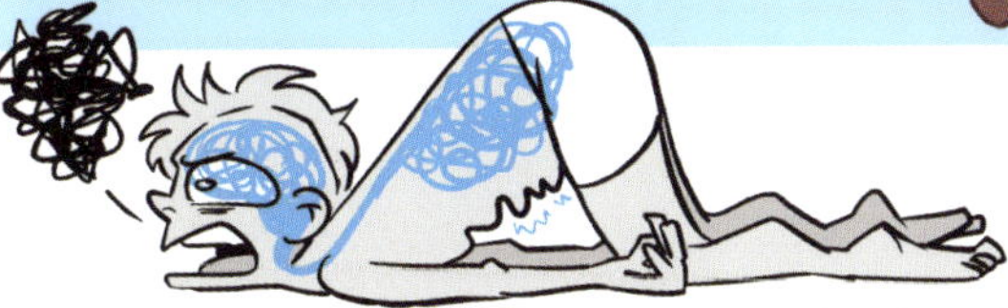

Denn jeder Beziehungskrach zwischen Hirn und Darm kann krank machen - von entzündlichen Darmerkrankungen bis hin zu Neurodegeneration.

Um dieses Wirrwarr an metabolischen Missverständnissen und biochemischer Komplimente zu entschlüsseln, braucht es viel Mathematik und ein ganzheitliches Abbild des menschlichen Organismus.

Dazu integrieren wir zwei Analyseansätze miteinander, die, wie die Darm-Hirn-Achse, im stetigen Austausch miteinander stehen und sich mit ihren Informationen gegenseitig bereichern.

Untersuchung der genetischen Variation des Genoms innerhalb einer bestimmten Personengruppe

genetische Assoziationsstudie

Constraint-based whole body modelling

Individualisertes Computermodell mit ca. 80.000 Reaktionen
1679 Genen
6 Blutkörpertypen
über 20 Organe
physiologische Parameter
Mikrobiom im Darm

Wenn jeder Mensch ein virtuelles Stoffwechselmodell hätte, könnten wir die individuellen Zusammenhänge innerhalb eines Modells abfragen, sowie das statistische Muster der Population analysieren.

INDIVIDUUM

POPULATION

Prof. Dr. Johannes Hertel

Dies kann eine bessere Einschätzung von Symptomatiken und personalisierte klinische Behandlungen ermöglichen, während gleichzeitig bevölkerungsbasierte Wirksamkeits- und Sicherheitsbewertungen geschaffen werden.

Denn nur im Austausch können wir indivduell und als Ganzes voneinander profitieren und daran wachsen!

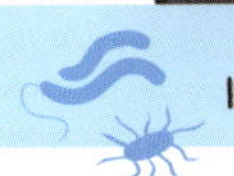

Bio Ines Thiele
Mathe Johannes Hertel
Medizin Anna Köttgen
Kunst & Rest Marlin Beringer

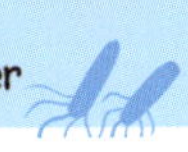

Philosophie der Quantengravitation

Wissenschaftler Dr. Niels Linnemann
Künstler Moritz Stetter

[INHALTLICHE BESCHREIBUNG]

Manch ein Experiment ist zu groß und zu teuer, als dass es sich realisieren ließe – ganz besonders, wenn es einen Teilchenbeschleuniger interplanetaren Ausmaßes erforderte. Dieser wäre jedoch notwendig, um empirische Daten für eine der größten Forschungsfragen der modernen Physik zu erhalten: Wie lassen sich die Allgemeine Relativitätstheorie und die Quantenmechanik zufriedenstellend miteinander vereinen?

Erstere ist unsere beste Theorie der Gravitation. Sie erklärt unter anderem, wie sich das Universum kurz nach dem hypothetischen Urknall entwickelt hat. Die Quantenmechanik ist hingegen das fundamentale Rahmenwerk für alle Wechselwirkungen in der Natur, mit der bisherigen Ausnahme der Gravitation. Insbesondere scheint quantenmechanisch beschrieben werden zu müssen, wie sich die winzigen Bausteine der Natur verhalten. Gesucht ist dann also eine Theorie der „Quantengravitation", die starke gravitative Phänomene auch im ganz Kleinen beschreiben kann, etwa am vermeintlichen zeitlichen Anfang des Universums, dem sogenannten Urknall, oder im Inneren Schwarzer Löcher.

Da jedoch kaum empirische Daten den Weg zu weisen scheinen, entwickeln Physiker:innen, die zur Quantengravitation arbeiten, durch reines Nachdenken eine grundlegende Theorie der Natur. In meiner Doktorarbeit zur „Philosophie der Quantengravitation" frage ich als Wissenschaftstheoretiker, welche Methoden sie hierbei tatsächlich anwenden, um auch ohne viel Empirie Fortschritte zu machen – und was davon zu halten ist.

[REFLEXION]

Nach einigen ersten Gesprächen kristallisierte sich heraus, dass vieles in meiner Arbeit mit sehr starken Bildern verknüpft war. Die Schwierigkeit in der Anfertigung des Comics bestand daher vor allem darin, für den Außenstehenden interessante Bilder auszuwählen und in einen eindrucksvollen Zusammenhang zu bringen.

Relativ früh drängte der Künstler, Moritz Stetter, auf eine nicht-lineare Struktur für den Comic im Posterformat. Als große Klammer für die einzelnen Bilder bot sich der Urknall und die seitdem stattfindende Expansion des Universums an – schließlich erwartet man von einer Theorie der Quantengravitation Aufschluss über die Natur des Urknalls. Der Urknall selbst wird durch eine atomare Struktur dargestellt, was betont, dass die Quantenmechanik zu seiner Beschreibung eine große Rolle spielt. Zudem haben wir uns die Freiheit genommen, den Expansionstrichter auch gleichzeitig – von innen aus betrachtet – als Schwarzes Loch umzudeuten, das genauso wie der Urknall mit einer Raumzeitsingularität verknüpft ist, deren genauere Natur wohl auch erst durch eine Theorie der Quantengravitation geklärt werden kann.

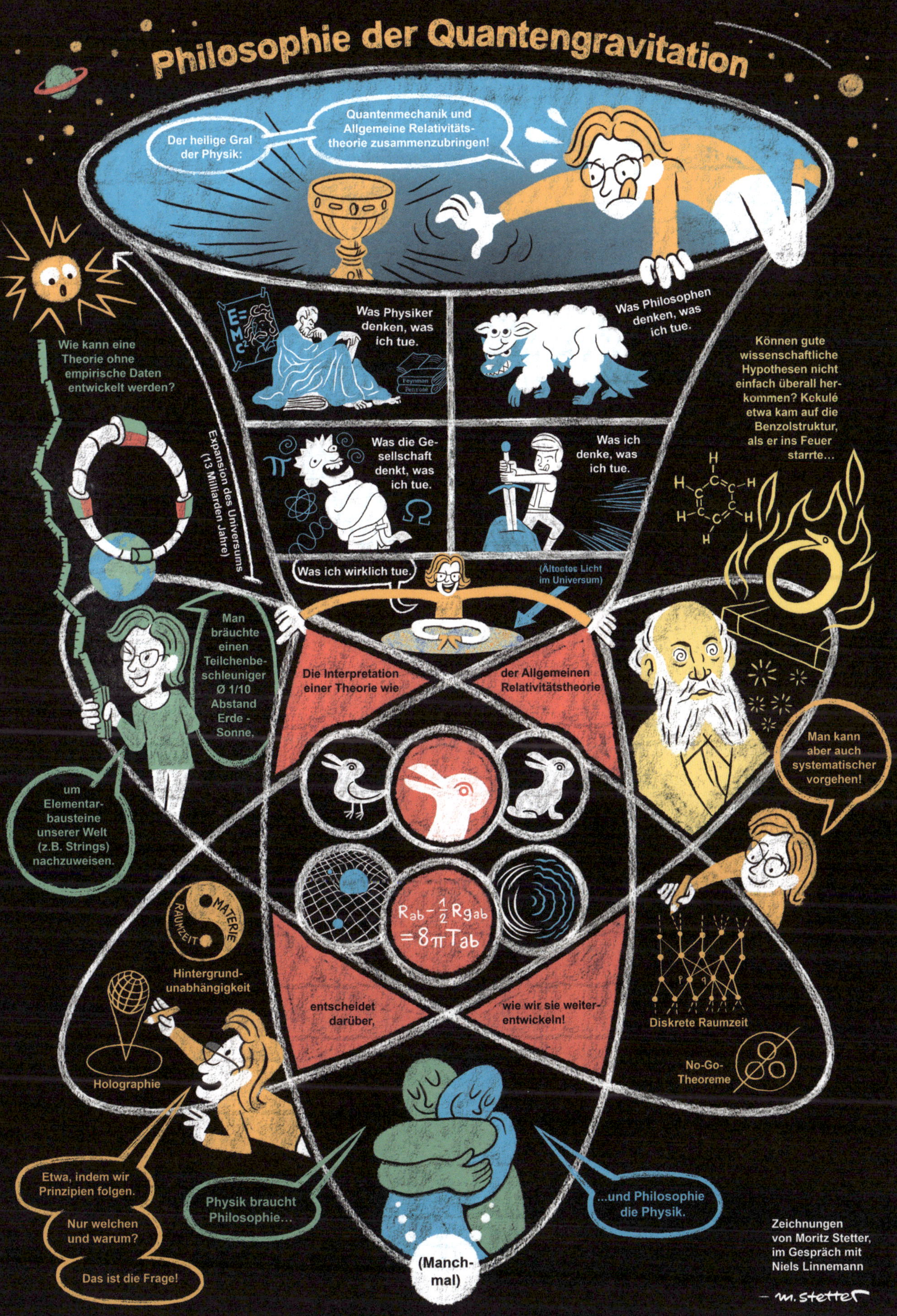

Philosophie der Quantengravitation
Der heilige Gral der Physik:
Quantenmechanik und Allgemeine Relativitätstheorie zusammenzubringen!
Was Physiker denken, was ich tue.
Feynman
Penrose
Was Philosophen denken, was ich tue.
Was die Gesellschaft denkt, was ich tue.
Was ich denke, was ich tue.
Was ich wirklich tue.
(Ältestes Licht im Universum)
Expansion des Universums (13 Milliarden Jahre)
Wie kann eine Theorie ohne empirische Daten entwickelt werden?
Können gute wissenschaftliche Hypothesen nicht einfach überall herkommen? Kekulé etwa kam auf die Benzolstruktur, als er ins Feuer starrte…
Man bräuchte einen Teilchenbeschleuniger Ø 1/10 Abstand Erde - Sonne,
um Elementarbausteine unserer Welt (z.B. Strings) nachzuweisen.
Die Interpretation einer Theorie wie
der Allgemeinen Relativitätstheorie
$R_{ab} - \frac{1}{2} R g_{ab} = 8\pi T_{ab}$
entscheidet darüber,
wie wir sie weiterentwickeln!
Man kann aber auch systematischer vorgehen!
Materie
Raumzeit
Hintergrundunabhängigkeit
Holographie
Diskrete Raumzeit
No-Go-Theoreme
Etwa, indem wir Prinzipien folgen.
Nur welchen und warum?
Das ist die Frage!
Physik braucht Philosophie…
…und Philosophie die Physik.
(Manchmal)
Zeichnungen von Moritz Stetter, im Gespräch mit Niels Linnemann
– m. stetter

Die Ökologie des Klimawandels

Wissenschaftler Jun. Prof. Dr. Peter Müller
Künstler Moritz Stetter

[INHALTLICHE BESCHREIBUNG]
Durch die Darstellung ausgewählter Aspekte des terrestrischen Kohlenstoff-Kreislaufs soll die zentrale Rolle ökologischer Prozesse im globalen Klimasystem aufgezeigt werden und zugleich verschiedene Forschungsinteressen des Fellows vorgestellt werden. Im Zentrum des Comics sind Interaktionen von Pflanzen und Mikroorganismen im Wurzelraum (Rhizosphäre) dargestellt. Diese Interaktionen haben eine hohe Relevanz für das CO_2-Gleichgewicht zwischen Böden und Atmosphäre und stellen ein zentrales Interesse in der Grundalgenforschung von Dr. Müller dar. Des Weiteren wird die besondere Rolle von Feuchtgebieten (wie etwa Salzmarschen, Mangroven oder Moore) im terrestrischen Kohlenstoff-Kreislauf hervorgehoben. Dr. Müller betreibt sowohl experimentelle Forschung, um den Einfluss des Klimawandels auf ökosystemare Kohlenstoff-Flüsse zu verstehen, als auch observative Forschung, um Datenlücken hinsichtlich des Vorkommens natürlicher Kohlenstoffspeicher und Treibhausgasquellen zu schließen.

[REFLEXION]
Die Zusammenarbeit mit Moritz Stetter für den Comic war Spaß und Herausforderung zugleich. Anfangs gab es hin und wieder Unklarheiten auf beiden Seiten. Ich verstand zunächst nicht, wie ein Comic funktioniert und auch Moritz schien es nicht leicht zu fallen, meinen sehr technischen Ausführungen zu biogeochemischen Prozessen im Wurzelraum zu folgen. Doch wir fanden schnell eine gemeinsame Sprache und mit jedem Zoom-Meeting näherten wir uns einander an.
Ungewohnt, aber äußerst hilfreich war es, dass mir Moritz konkrete Arbeitsaufträge – quasi Hausaufgaben – für jedes Folgemeeting gab; zum Beispiel das Kürzen ganzer Absätze auf nur vier Wörter. Wir entwickelten relativ schnell eine gemeinsame Idee für einen Comic, der wesentliche Aspekte des terrestrischen Kohlenstoff-Kreislaufs erfasst und zugleich Einblicke in die komplexen Wechselwirkungen von Pflanzen und Mikroben im Wurzelraum auf eine kreative und zugängliche Weise illustrieren soll. Der Abgleich der Comicfigur mit dem Foto meiner Uni-Homepage ergibt dabei nicht zufällig eine verblüffende Ähnlichkeit.

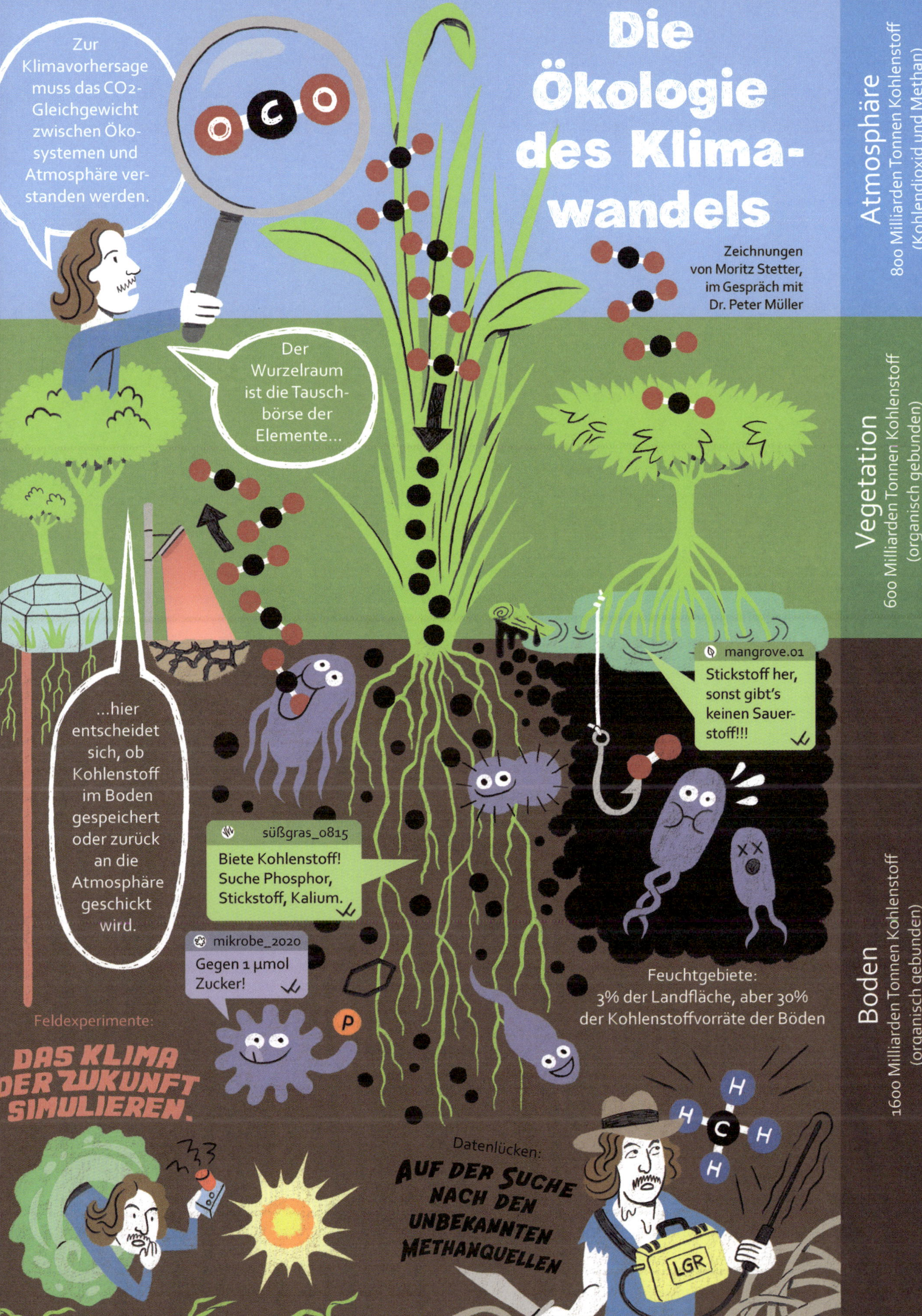

Die Ökologie des Klimawandels
Zeichnungen von Moritz Stetter, im Gespräch mit Dr. Peter Müller
Zur Klimavorhersage muss das CO2-Gleichgewicht zwischen Ökosystemen und Atmosphäre verstanden werden.
O C O
Der Wurzelraum ist die Tauschbörse der Elemente…
…hier entscheidet sich, ob Kohlenstoff im Boden gespeichert oder zurück an die Atmosphäre geschickt wird.
süßgras_0815
Biete Kohlenstoff! Suche Phosphor, Stickstoff, Kalium.
mikrobe_2020
Gegen 1 µmol Zucker!
P
mangrove.01
Stickstoff her, sonst gibt's keinen Sauerstoff!!!
Feuchtgebiete: 3% der Landfläche, aber 30% der Kohlenstoffvorräte der Böden
Feldexperimente:
DAS KLIMA DER ZUKUNFT SIMULIEREN.
Datenlücken:
AUF DER SUCHE NACH DEN UNBEKANNTEN METHANQUELLEN
H H C H H
LGR
Atmosphäre
800 Milliarden Tonnen Kohlenstoff (Kohlendioxid und Methan)
Vegetation
600 Milliarden Tonnen Kohlenstoff (organisch gebunden)
Boden
1600 Milliarden Tonnen Kohlenstoff (organisch gebunden)

Nervenzellen vor Neuroinflammation schützen?

Wissenschaftlerin Dr. Charlotte Schubert
Künstler Matteo Farinella

[INHALTLICHE BESCHREIBUNG]
Dieser Comic führt in die zentrale Frage meiner wissenschaftlichen Arbeit ein: Durch welche Mechanismen werden Nervenzellen durch Erkrankungen wie der Multiplen Sklerose geschädigt und welche Möglichkeiten haben wir therapeutisch, diese Prozesse zu stoppen. Bereits im gesunden Zustand ist die Funktion der Nervenzellen und ihre Zusammenarbeit hochkomplex, mindestens ebenso komplex sind die Veränderungen durch Entzündung des Nervengewebes, sogenannte neuroinflammatorische Erkrankungen. Der Comic stellt zentrale Faktoren der Erkrankung und das Prinzip der Gefahrensignale vor. Die Auswirkung der Gefahrensignale zu mildern kann eine wichtige Rolle spielen für Patient:innen in der frühen, aber auch in der progressiven Phase der Erkrankung.

[REFLEXION]
Eine komplexe wissenschaftliche Fragestellung in einer Seite erklärt? Und das auch noch interessant verpackt? Der Comiczeichner und Illustrator Matteo Farinella nahm diese Herausforderung mit mir zusammen an. Matteo Farinella ist Italiener, der am University College London in Neurowissenschaften promovierte und seither seine Leidenschaft für Comics und Illustration mit der Wissenschaft in Projekten verbindet, die Wissenschaft durch Visualisierung zugänglicher machen.
Naturwissenschaften setzen häufig umfassende Grundlagen voraus, die für viele Leser:innen nicht selbstverständlich sind. Die Diskussion zwischen Matteo Farinella und mir über möglichst große Verständlichkeit und Klarheit bei wissenschaftlicher Richtigkeit und Vollständigkeit konnte funktionieren, da Matteo ebenfalls wissenschaftliches Wissen mitbrachte. Es wurde um einzelne Worte gerungen. Gerne hätte ich noch weitere Ebenen mit Kommentaren zu den Sprechblasen ergänzt: Es sind Astrozyten und Neuronen, die das Protein am meisten besitzen; es gibt Ausnahme X, Ergebnis Y ist nur in der Zellkultur, aber nicht im Menschen bewiesen. Wissenschaftscomics können Wissenschaftskommunikation ermöglichen. Aber meines Erachtens wird immer die Herausforderung bestehen, den Grad zwischen Komplexität und Einfachheit angepasst an die Leserschaft zu finden.

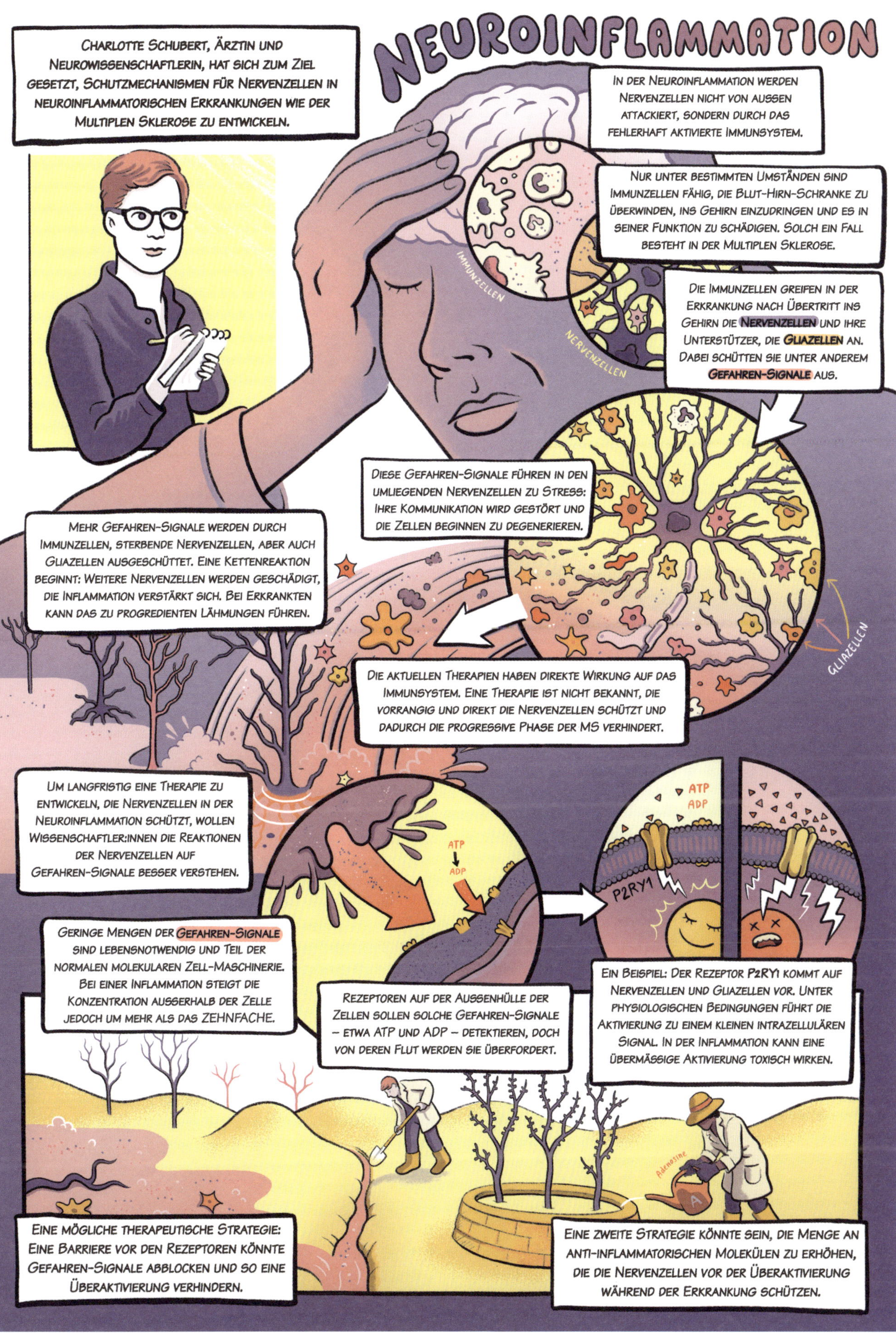

Charlotte Schubert, Ärztin und Neurowissenschaftlerin, hat sich zum Ziel gesetzt, Schutzmechanismen für Nervenzellen in neuroinflammatorischen Erkrankungen wie der Multiplen Sklerose zu entwickeln.
Neuroinflammation
In der Neuroinflammation werden Nervenzellen nicht von aussen attackiert, sondern durch das fehlerhaft aktivierte Immunsystem.
Nur unter bestimmten Umständen sind Immunzellen fähig, die Blut-Hirn-Schranke zu überwinden, ins Gehirn einzudringen und es in seiner Funktion zu schädigen. Solch ein Fall besteht in der Multiplen Sklerose.
Immunzellen
Nervenzellen
Die Immunzellen greifen in der Erkrankung nach Übertritt ins Gehirn die Nervenzellen und ihre Unterstützer, die Gliazellen an. Dabei schütten sie unter anderem Gefahren-Signale aus.
Diese Gefahren-Signale führen in den umliegenden Nervenzellen zu Stress: Ihre Kommunikation wird gestört und die Zellen beginnen zu degenerieren.
Mehr Gefahren-Signale werden durch Immunzellen, sterbende Nervenzellen, aber auch Gliazellen ausgeschüttet. Eine Kettenreaktion beginnt: Weitere Nervenzellen werden geschädigt, die Inflammation verstärkt sich. Bei Erkrankten kann das zu progredienten Lähmungen führen.
Gliazellen
Die aktuellen Therapien haben direkte Wirkung auf das Immunsystem. Eine Therapie ist nicht bekannt, die vorrangig und direkt die Nervenzellen schützt und dadurch die progressive Phase der MS verhindert.
Um langfristig eine Therapie zu entwickeln, die Nervenzellen in der Neuroinflammation schützt, wollen Wissenschaftler:innen die Reaktionen der Nervenzellen auf Gefahren-Signale besser verstehen.
ATP
ADP
ATP
ADP
P2RY1
Geringe Mengen der Gefahren-Signale sind lebensnotwendig und Teil der normalen molekularen Zell-Maschinerie. Bei einer Inflammation steigt die Konzentration ausserhalb der Zelle jedoch um mehr als das zehnfache.
Rezeptoren auf der Aussenhülle der Zellen sollen solche Gefahren-Signale – etwa ATP und ADP – detektieren, doch von deren Flut werden sie überfordert.
Ein Beispiel: Der Rezeptor P2RY1 kommt auf Nervenzellen und Gliazellen vor. Unter physiologischen Bedingungen führt die Aktivierung zu einem kleinen intrazellulären Signal. In der Inflammation kann eine übermässige Aktivierung toxisch wirken.
Adenosine
A
Eine mögliche therapeutische Strategie: Eine Barriere vor den Rezeptoren könnte Gefahren-Signale abblocken und so eine Überaktivierung verhindern.
Eine zweite Strategie könnte sein, die Menge an anti-inflammatorischen Molekülen zu erhöhen, die die Nervenzellen vor der Überaktivierung während der Erkrankung schützen.

Wissenschaftlerin Dr. Bettina Schwab
Künstlerinnen Véro Mischitz (Story/Skript) und **Anna Schulz**, ehemals Fuchs, (Implementierung)

[INHALTLICHE BESCHREIBUNG]

Nervenzellen in unserem Gehirn kommunizieren über elektrische Impulse. Über eine nichtinvasive Technik – das Elektroenzephalogramm (EEG) – können wir untersuchen, wie sich diese neuronale Aktivität in großen Gebieten des Gehirns zueinander verhält, wenn Informationen ausgetauscht werden. Oft schwingen diese Gebiete dabei synchron. Welcher Anteil einer solchen Synchronisierung jedoch ursächlich an der Kommunikation beteiligt ist und ob sie auch für die Symptome von Krankheiten verantwortlich sein kann, wissen wir noch nicht genau. Deshalb stimulieren wir das Gehirn von außen mit elektrischen Strömen. Dabei können wir zwei Gebiete des Gehirns phasengleich oder phasenversetzt stimulieren und im EEG beobachten, ob sich die Gebiete dadurch synchronisieren. Mit diesem Setup kann dann untersucht werden, welchen Einfluss die Synchronisierung auf Kommunikation im Gehirn hat und insbesondere, ob es einen Zusammenhang zu den Symptomen neurologischer Erkrankungen gibt.

[REFLEXION]

Véro Mischitz und Anna Schulz fassen in diesem Comic einen Grundgedanken meiner experimentellen neurowissenschaftlichen Arbeit allgemeinverständlich zusammen. Durch ihren Hintergrund in Biologie konnte sich Véro Mischitz fachlich einarbeiten und präsentierte verschiedene Herangehensweisen an die entsprechende Publikation. Die Zusammenarbeit war für mich eine ausgezeichnete Gelegenheit, um zu reflektieren, wie meine Wissenschaft in der Öffentlichkeit wahrgenommen wird – und zu welchen Missverständnissen es kommen kann. Insbesondere ist mir dabei aufgefallen, dass Hirnstimulation oft in einem der beiden Extremen wahrgenommen wird: entweder als der Heilbringer zur Behandlung von neurologischen Erkrankungen oder als Damoklesschwert der Technologisierung des Gehirns. Mit dem Comic möchte ich zeigen, mit welcher Sorgfalt Studien zur Hirnstimulation durchgeführt werden. Ich möchte zugänglich machen, wie solche Studien aufgebaut sind und welche Schlüsse wir daraus ziehen können, um ein ausgewogenes Bild der Chancen und Risiken von Hirnstimulation zu vermitteln.

BRAINTALK

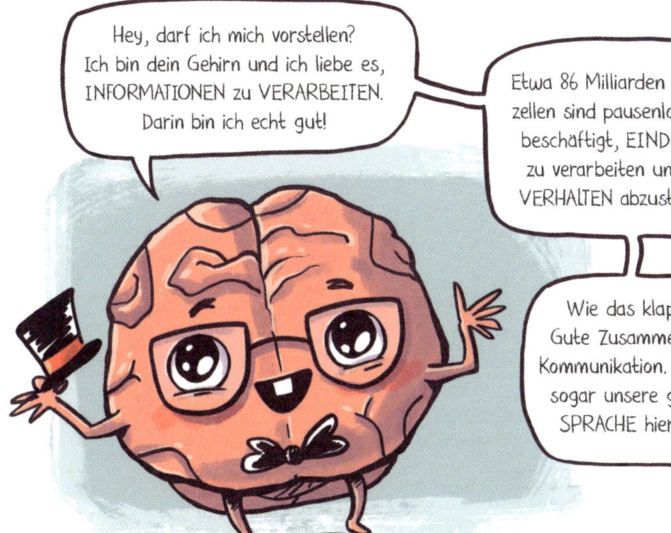

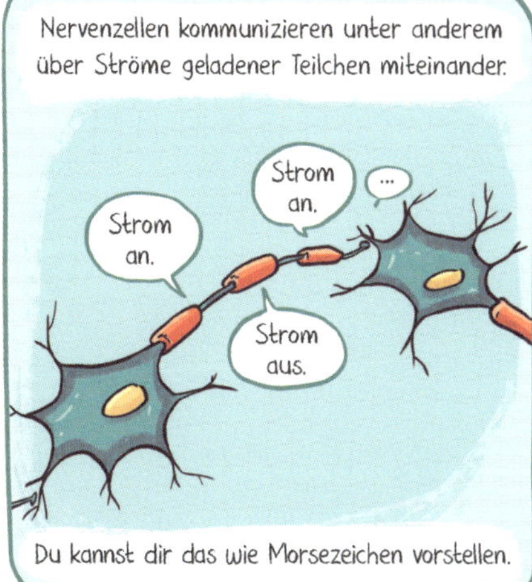

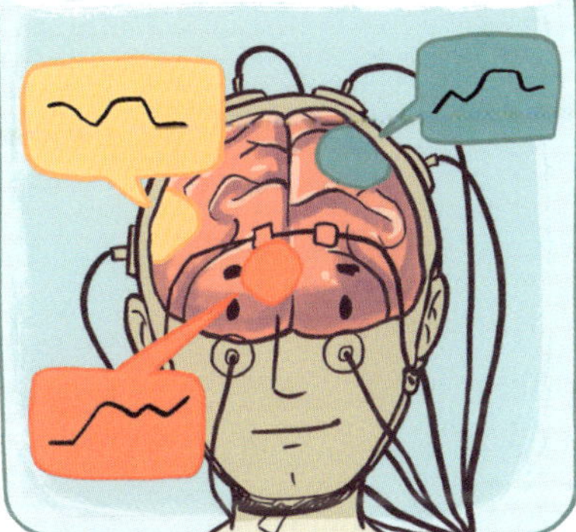

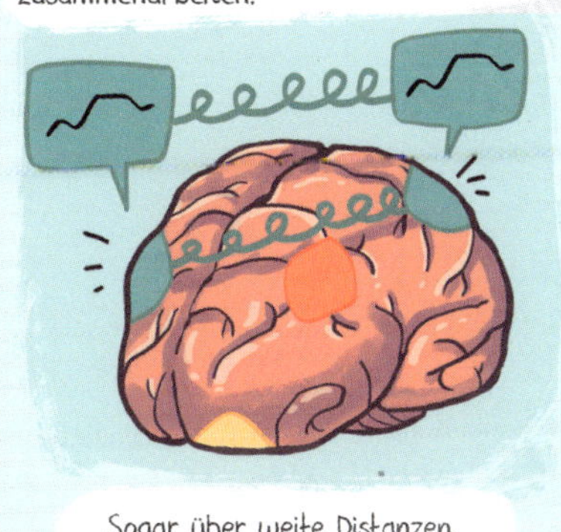

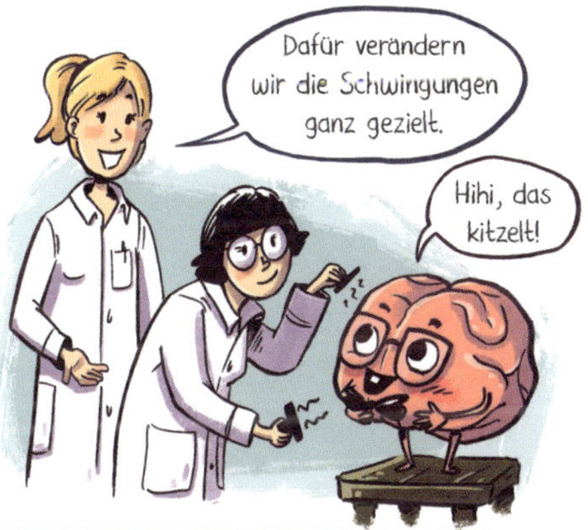

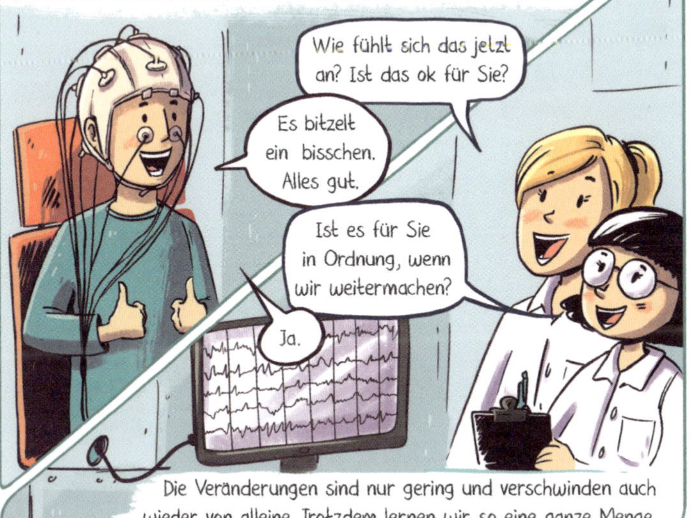

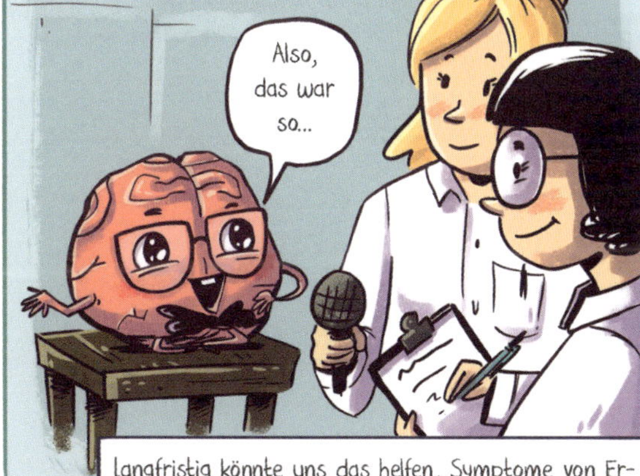

* Elektro-Enzephalographie (EEG) ist eine Methode, mit deren Hilfe die Aktivität von Nervenzellen direkt auf der Kopfhaut gemessen und aufgezeichnet werden kann.
** tACS steht für trankranielle Wechselstromstimulation. Das Gehirn wird hierbei von außen über die Kopfhaut angeregt.

Automatisches Schlussfolgern

Wissenschaftler Prof. Dr. Alexander Steen
Künstler Matteo Farinella

[INHALTLICHE BESCHREIBUNG]
Der Comic stellt das Feld der „symbolischen KI" als ein zentrales Teilgebiet der aktuellen KI-Forschung vor. Das grundlegende Prinzip von symbolischen KI-Methoden wird im Verlauf des Comics den aktuell überwiegend bekannten Machine-Learning-Methoden (aus dem Bereich der „subsymbolischen KI") gegenübergestellt: Während mit ML-Methoden induktive Schlüsse (vom Speziellen aufs Allgemeine) umgesetzt werden, können mit symbolischen KI-Methoden deduktive Schlüsse (vom Allgemeinen aufs Spezielle) automatisiert werden. Der Comic soll in Zeiten zunehmender Digitalisierung und Automatisierung die Relevanz von Logik und Rationalität in der Gesellschaft, insbesondere aber auch in KI-Systemen, unterstreichen. Dabei wird die Anwendbarkeit von logikbasierten (symbolischen) KI-Methoden auch auf Gebiete außerhalb der Mathematik und Informatik skizziert. Hierzu wird auf Leibniz' revolutionäre Idee verwiesen, rationale Argumentationen und logische Schlüsse eindeutig und auf eine systematisch-mathematische Art und Weise prüfen zu lassen um (ansonsten subjektive) Meinungsfindung zu unterstützen: „Calculemus!", auf Deutsch etwa: „Rechnen wir!".

[REFLEXION]
Wie geht man an einen Wissenschaftscomic heran, wenn weder der Künstler noch ein Großteil des Publikums wahrscheinlich jemals etwas von „symbolischer KI" gehört haben? Vielen wird nämlich gar nicht klar sein, dass „KI" mehr ist als nur maschinelles Lernen. Erst recht, da diese Technologie aktuell sehr populär ist und natürlich auch eindrucksvolle Anwendungen produziert. Umso beeindruckter war ich, wie Matteo – der Künstler hinter diesem Science Comic – an die Sache herangegangen ist: Er ließ mich einen gut einstündigen improvisierten Vortrag halten (quasi eine „Überblicksvorlesung"), und spiegelte mir dann in einem zweiten Termin seine Eindrücke und sein Verständnis des Themas wider. Hier war klar: Von mir implizit angenommene Selbstverständlichkeiten sind ganz und gar nicht selbstverständlich, und wir mussten (und konnten!) im informellen Dialog wichtige Einsichten klären, die sowohl für Matteo als auch jede an dem Comic interessierte Person sonst unklar bleiben würden. Von Matteo kam auch die (für mich neue und sehr spannende) Idee, den Ansatz des automatischen Schlussfolgerns als „Mund der Wahrheit" (Bocca della Verità) darzustellen. Es ist sehr herausfordernd, ein komplexes Thema verständlich, fair und intuitiv darzustellen und dabei nicht zu trivialisieren oder fachlich fehlleitend zu beschreiben. Insgesamt soll im Wissenschaftscomic symbolische KI als ein ergänzender Ansatz für rationale Schlussfolgerungen im Feld der Künstlichen Intelligenz (und nicht als „Gegenspieler" von Methoden des maschinellen Lernens!) präsentiert werden.

AUTOMATISCHES SCHLUSSFOLGERN

ALEX STEEN, MATTEO FARINELLA

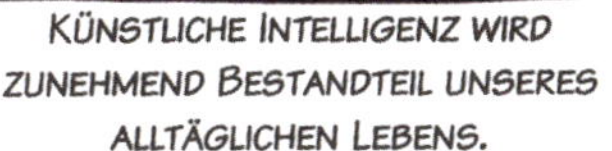

KÜNSTLICHE INTELLIGENZ WIRD ZUNEHMEND BESTANDTEIL UNSERES ALLTÄGLICHEN LEBENS.

AKTUELL VERBREITETE MACHINE-LEARNING-METHODEN 'LERNEN' PRINZIPIELL DURCH ERKENNUNG VON MUSTERN AUS GROSSEN DATENMENGEN.

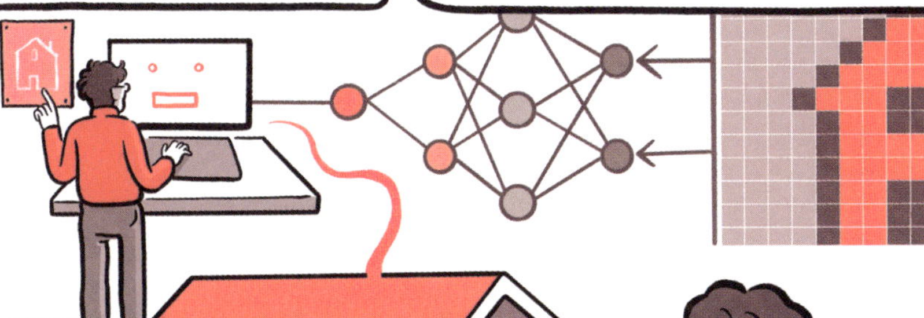

ES KÖNNEN PIXEL FÜR PIXEL ÜBERZEUGENDE BILDER VON HÄUSERN ERSTELLT WERDEN. DABEI WIRD EINE ANORDNUNG VON PIXELN AUF BASIS VON MILLIONEN ANDERER ALS 'HAUS' KLASSIFIZIERTER BILDER ALS DIE 'WAHRSCHEINLICHSTE' PROGNOSTIZIERT.

0.01
0.02
0.4
0.2
0.05
MACHINE LEARNING

ES GIBT JEDOCH KEINE KONZEPTUELLE VORSTELLUNG DER BEHANDELTEN OBJEKTE. DIE METHODEN 'WISSEN' NICHT, WAS EIN HAUS IST, WIE RÄUME VERBUNDEN SIND UND WAS IHRE FUNKTION IST. DAS WIRFT ZWEI GRUNDLEGENDE PROBLEME AUF:

ALEX STEEN ARBEITET AN EINER ANDEREN ART VON KI-METHODEN, GENANNT **SYMBOLISCHE KI.**

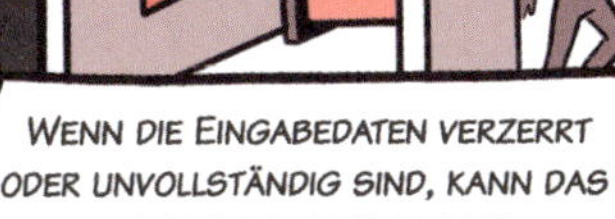

1 WENN DIE EINGABEDATEN VERZERRT ODER UNVOLLSTÄNDIG SIND, KANN DAS UNVORHERGESEHENE ODER GEFÄHRLICHE ERGEBNISSE ERZEUGEN.

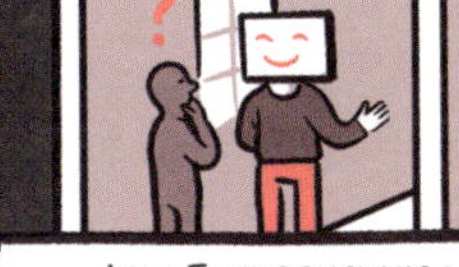

2 IHRE FUNKTIONSWEISE IST UNDURCHSICHTIG UND DAHER IST ES SEHR SCHWER, PROBLEMEN VORZUBEUGEN UND SIE ZU BEHEBEN.

INSBESONDERE UNTERSUCHT STEEN AUTOMATISCHES SCHLUSSFOLGERN, BEI DEM EXPRESSIVE LOGIKEN VERWENDET WERDEN, UM ALLGEMEINE GESETZMÄẞIGKEITEN DER WELT ZU BESCHREIBEN UND COMPUTERGESTÜTZT ZU ENTSCHEIDEN, OB EINE AUSSAGE WAHR ODER FALSCH IST.

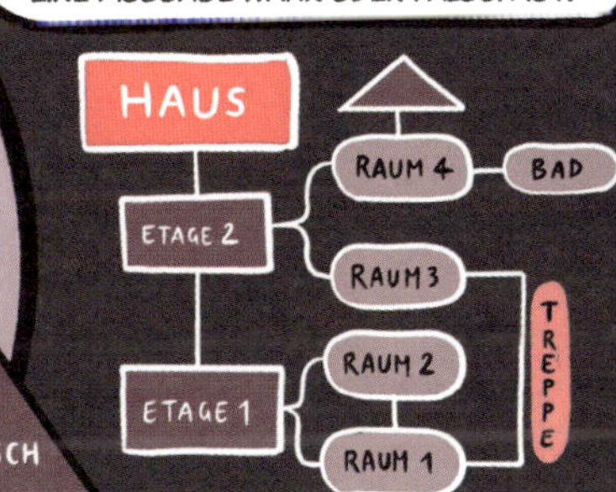

WAHR
FALSCH
SYMBOLISCHE KI

DIESE KI-METHODEN SIND EINE ART "TASCHENRECHNER FÜR PHILOSOPHEN", DIE ARGUMENTATIONEN ÜBERPRÜFEN ODER AUCH MENSCHLICHE SCHLUSSFOLGERUNGEN AUTOMATISIEREN KÖNNEN. SCHON LEIBNIZ SAGTE:

[...] zwei Philosophen, die in einen Streit geraten, [werden] nicht anders argumentieren als zwei Rechenmeister. Es genügt, dass sie eine Feder in die Hand nehmen, sich vor einen Abakus setzen und zueinander sagen: Rechnen wir!

SOLCHE SYSTEME WERDEN BEREITS ZUR SOFTWAREVERIFIKATION UND FÜR MATHEMATISCHE BEWEISE GENUTZT. DIE VISION IST ABER, NOCH VIEL BREITERE ANWENDUNGEN ZU ERSCHLIEẞEN, Z.B. ...

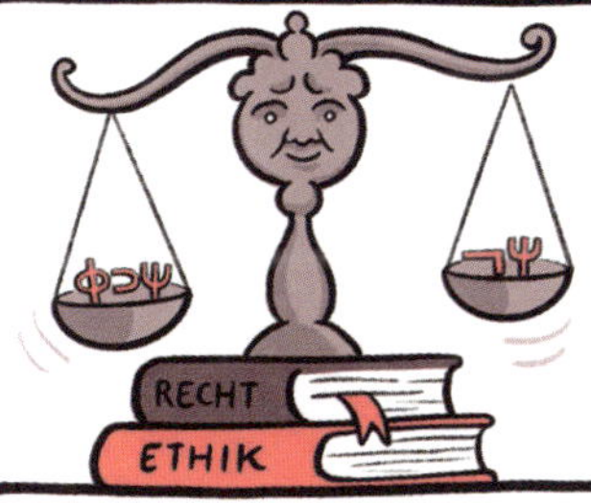

... FÜR RECHTLICHE UND ETHISCHE ASPEKTE IN AUTONOMEN SYSTEMEN (WIE SELBSTFAHRENDE AUTOS).

AUTOMATISCHES SCHLUSSFOLGERN KANN AUCH EXISTIERENDE MACHINE-LEARNING-ANSÄTZE ERGÄNZEN UND DIESEN ÜBERPRÜFBARE SICHERHEITSGURTE ANLEGEN, UM UNSERE MENSCHLICHEN VORURTEILE IM ZAUM ZU HALTEN, ANSTATT SIE ZU VERSTÄRKEN.

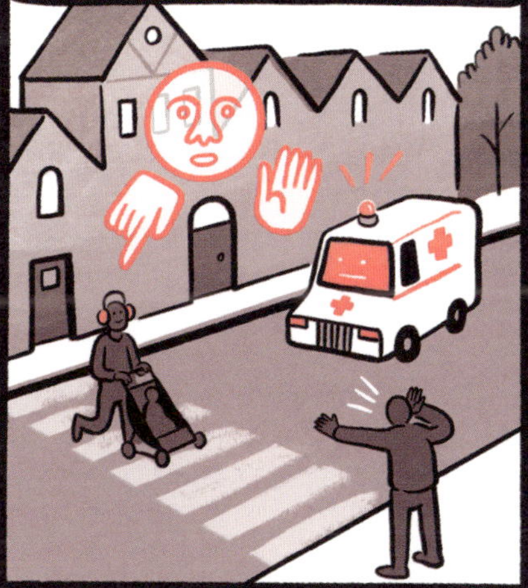

Was trägt die Ethik zur Bearbeitung von gesellschaftlichen Konflikten bei?

Wissenschaftler Dr. Hermann Diebel-Fischer
Künstler Simon Schwartz

[INHALTLICHE BESCHREIBUNG]

Mit der Ethik ist es so eine Sache – gelegentlich stehen die Erwartungen an ihre praktischen Leistungen und die wissenschaftliche Reflexion dessen, was wir Ethik nennen, eigentümlich quer zueinander.

Der Comic stellt den Beitrag der Ethik zur Bearbeitung gesellschaftlicher Konflikte dar: Anhand des Konflikts um die Erbauung eines Windparks zu Forschungszwecken vor einer Küste werden die Argumente der Befürworter:innen und Gegner:innen gegenübergestellt. Nach der Habermas'schen Theorie, dass das bessere Argument sich unter den Bedingungen eines idealen, herrschaftsfreien Diskurses durchsetzt, sollte ein Konflikt über Anwendung der Vernunft beigelegt werden können. Dies beobachten wir in der Praxis jedoch so gut wie nie.

Konflikte weisen bisweilen Prämissen in ihren Strukturen auf, die sich nicht auf rationalem Wege aufbrechen lassen. Die Aufgabe der Ethik besteht hier zunächst in einer Beschreibung des Konflikts und seiner Bedingungen, um die beteiligten Parteien im Austausch zu halten. Ethik wirkt hier moderierend, was die Beteiligten dazu befähigt, verfahrene Situationen als solche zu erkennen und so damit umzugehen, dass ein gesellschaftlicher Zusammenhalt trotzdem möglich bleibt.

[REFLEXION]

Ein geisteswissenschaftliches Thema visuell so zu veranschaulichen, dass das Ergebnis in seiner gebotenen Kürze fachlich vertretbar ist, war für mich eine Herausforderung. In textlastigen Wissenschaften wie der Ethik geht es um die genaue Darlegung von Sachverhalten – dies in Form eines Comics abzubilden gelang aufgrund der Anregung von Simon Schwartz, indem ein sehr spezieller, gleichwohl auch exemplarischer Fall der angewandten Ethik genutzt wurde.

Die Vielschichtigkeit von Ethik – als Wissenschaft und als Praxis – macht sie zu einem interessanten Querschnittsgebiet, das momentan hoch im Kurs steht: Mit Blick auf die Technisierung, welche die Ethik im Rahmen der KI-Debatte teilweise erfährt, wird abermals deutlich, was auch der Comic zeigt: Auf der sichtbaren Ebene geht es darum darzustellen, dass Problemlösungen von der Ethik erwartet werden, die sie aber aus sich heraus nicht bzw. nur eingeschränkt liefern kann, nämlich konkrete Lösungen für Konflikte zwischen einander ausschließenden Optionen. Auf der Metaebene geht es darum, die Arbeitsweise von Ethik zu verstehen. Dies wird dann akut, wenn eine technische Umsetzung von Ethik angestrebt wird: Eine Operationalisierung von Ethik bedeutet die Messbarmachung moralischer Erwägungen – doch selbst wenn dies gelingen würde, stünden – wie im Beispiel des Comics – am Ende zwei grundsätzliche Positionen wie Glaubenssätze gegenüber, die nicht nur wenig zur Beilegung des Konflikts beitragen, sondern diesen erst hervorrufen. Die Stärke der Ethik liegt genau darin: zu identifizieren, worum es eigentlich geht. Wenn man das über die Aufgabe von Ethik weiß, wird man ihre Dienste mit anderen Erwartungen in Anspruch nehmen.

Was trägt die Ethik zur Bearbeitung von gesellschaftlichen Konflikten bei?

Hermann Diebel-Fischer

Illustration: Simon Schwartz, 2021

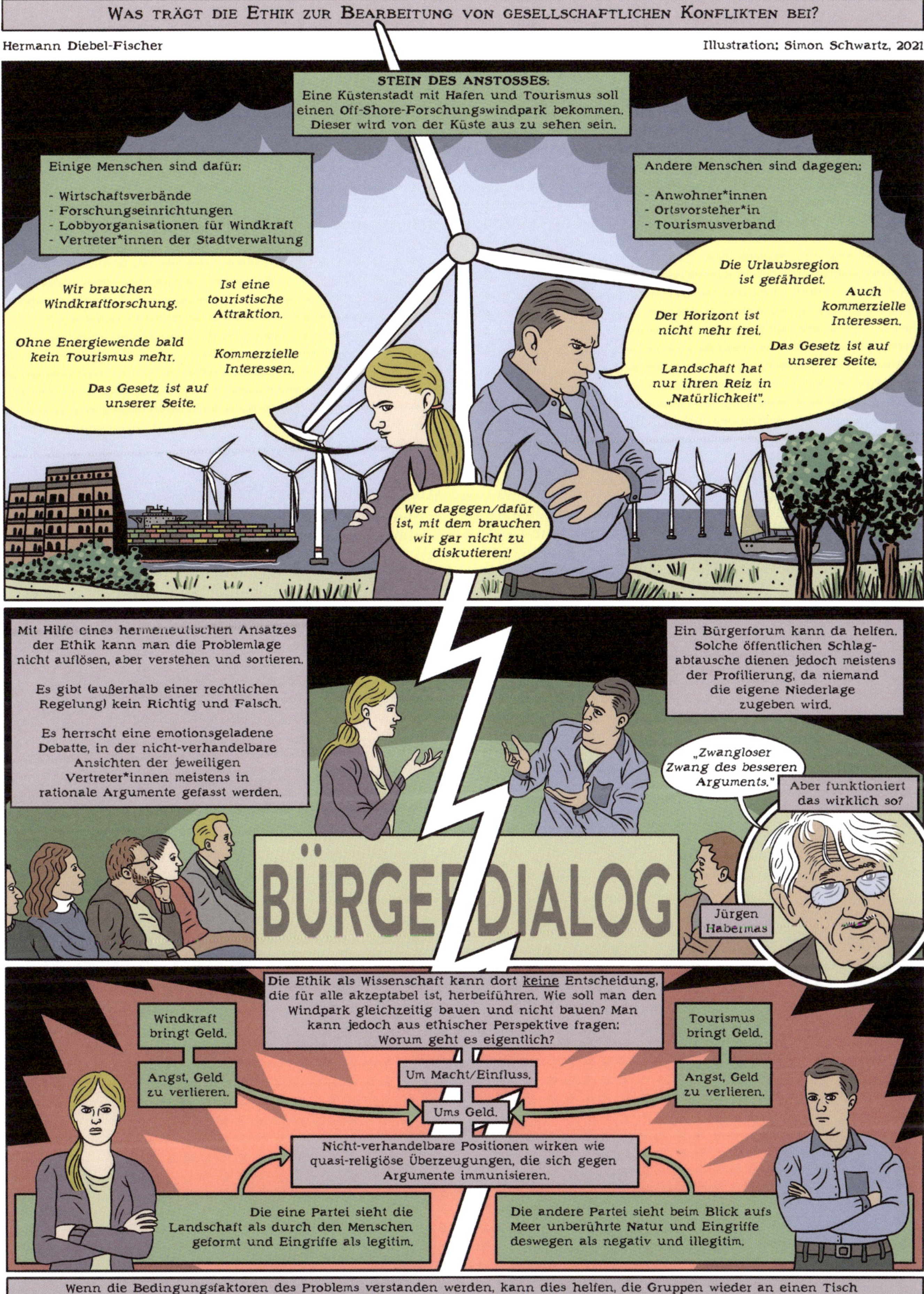

Wenn die Bedingungsfaktoren des Problems verstanden werden, kann dies helfen, die Gruppen wieder an einen Tisch zu bringen. Deskriptiv-ethische Analysen führen in diesem Zusammenhang in der Regel keine Einigung herbei, sondern verdeutlichen Zusammenhänge. Entschieden wird am Ende durch ein Gericht – aber endet der Konflikt damit … ?

Europas „Mann-auf-dem-Mond-Moment"?

Wissenschaftler Dr. Vincent Gengnagel
Künstler Moritz Stetter

[INHALTLICHE BESCHREIBUNG]

Der „European Green Deal" verspricht klimaneutrales Wirtschaftswachstum. Wie wird das öffentlich begründet und infrage gestellt, welche Legitimitätsquellen dafür bemüht? Und wie lassen sich diese Fragen in einem Comic aufwerfen? Im Gegensatz zu meinen sonst weniger bildhaften wissenschaftssoziologischen Arbeiten zur marktintegrativen EU-Agenda hat sich ein Artikel zur Verwendung der Mondlandungsmetapher durch EU-Präsidentin Ursula von der Leyen geradezu aufgedrängt: Im Austausch mit Moritz Stetter entstand eine Gegenüberstellung des „European Green Deal" und des amerikanischen Apollo-Projekts, das Fragen zum Wachstumsversprechen liberaler Gouvernementalität angesichts sozialer und ökologischer Krisen aufruft – deutungsoffen, ohne Rahmentexte, akademische Konzepte und Fußnoten. Für wen war die Mondlandung der Triumph des American Dream? Und: Wer hält den European Green Deal für eine erfolgsversprechende Antwort auf die Klimakrise?

[REFLEXION]

Nach einer ersten Gesprächsrunde war uns beiden klar – als politischer Soziologe und als Künstler –, dass die Hauptaufgabe darin bestand, die historische und sozialpolitische Komplexität stark herunter zu brechen. Wie schon im zugrundeliegenden akademischen Artikel lief es auf einen Kontrast zwischen der historischen Vorlage für die Mondlandungsmetapher einerseits und ihre Übertragung auf das aktuelle Geschehen andererseits hinaus, allerdings mit noch mehr „Mut zur Lücke", letztendlich dann umgesetzt durch bunte Gegenwart und schwarz/weiße Geschichte und eine Dreiteilung in Modernisierungsversprechen oben, Kritik daran in der Mitte und die Inszenierung des sprichwörtlichen Mann-auf-dem-Mond-Moments unten, die die Frage aufwirft, was den Green Deal eigentlich politisch zum „Erfolg" machen würde.

Um möglichst viel Kontext in Bildern zu transportieren, haben wir auf kontextualisierende Angaben wie Zeitschienen oder Namenshinweise komplett verzichtet – nur kleine Jahresangaben sind den eröffnenden Zitaten zugeordnet. Wir setzen also das Wissen voraus, dass die Mondlandung 1969 stattfand, John F. Kennedy und Martin Luther King aber schon zuvor ermordet wurden. Die Kritik an den Regierungen, die wir durch Letzteren und Greta Thunberg personalisieren, steht unkommentiert im Raum: Inwiefern sie ein Echo findet in den widersprüchlichen Diskursen rund um das Versprechen von Fortschritt und Modernisierung (für 1969 – bzw. auch, wenn man von der Leyen folgt, für 2050) muss entsprechend völlig ohne Zitat auskommen. Das Verhältnis zwischen den Wohnzimmern der bürgerlichen Mittelschicht und den Krisen vor ihren Fenstern muss man sich also selbst ausmalen – und bei Gelegenheit eben im zugrundeliegenden Artikel nachlesen.

Um die Hürden der Wissenschaftskommunikation weiter zu senken, gibt es neben der Version mit den englischen Originalzitaten auch die hier abgebildete deutsche und eine französische Variante. Weitere Sprachen sind nicht angedacht, wohl aber eine Fortsetzung: Da wären zum einen die Europawahlen 2024, die von der Leyen eben gerade nicht mit einer „grünen" Plattform anging und zum anderen der immer noch stärker werdende Kontrast zwischen Verschärfung der Klimakatastrophe und klimapolitischer „Realpolitik". Sowohl das Um- bzw. Zurückkippen der Europäischen Parteien als auch die Kluft zwischen Klimarhetorik und Regulierung insgesamt bietet Material für Gegenüberstellungen, die an die hier abgebildeten Panels anschließen.

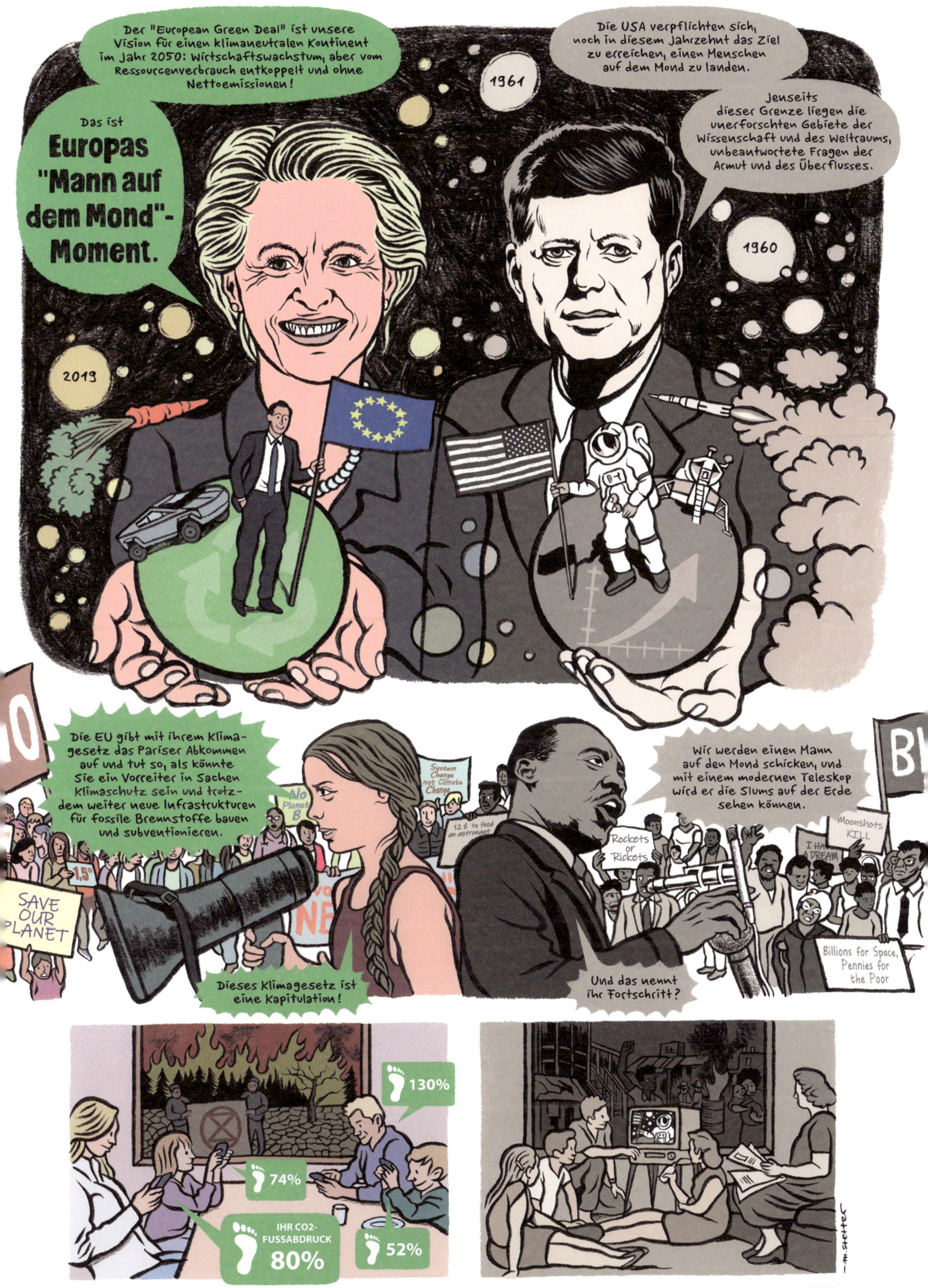

Der "European Green Deal" ist unsere Vision für einen klimaneutralen Kontinent im Jahr 2050: Wirtschaftswachstum, aber vom Ressourcenverbrauch entkoppelt und ohne Nettoemissionen!

Das ist **Europas "Mann auf dem Mond"-Moment.**

2019

Die USA verpflichten sich, noch in diesem Jahrzehnt das Ziel zu erreichen, einen Menschen auf dem Mond zu landen.

1961

Jenseits dieser Grenze liegen die unerforschten Gebiete der Wissenschaft und des Weltraums, unbeantwortete Fragen der Armut und des Überflusses.

1960

Die EU gibt mit ihrem Klimagesetz das Pariser Abkommen auf und tut so, als könnte sie ein Vorreiter in Sachen Klimaschutz sein und trotzdem weiter neue Infrastrukturen für fossile Brennstoffe bauen und subventionieren.

System Change not Climate Change

No Planet B

12 $ to feed an astronaut

1,5°

SAVE OUR PLANET

Dieses Klimagesetz ist eine Kapitulation!

Wir werden einen Mann auf den Mond schicken, und mit einem modernen Teleskop wird er die Slums auf der Erde sehen können.

Rockets or Rickets

Moonshots KILL

Billions for Space, Pennies for the Poor

Und das nennt ihr Fortschritt?

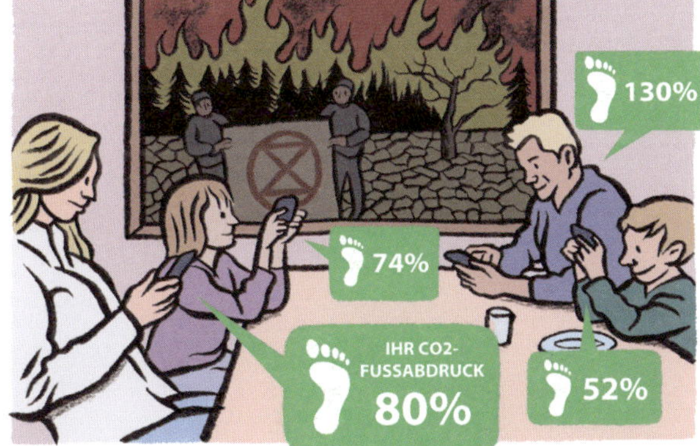

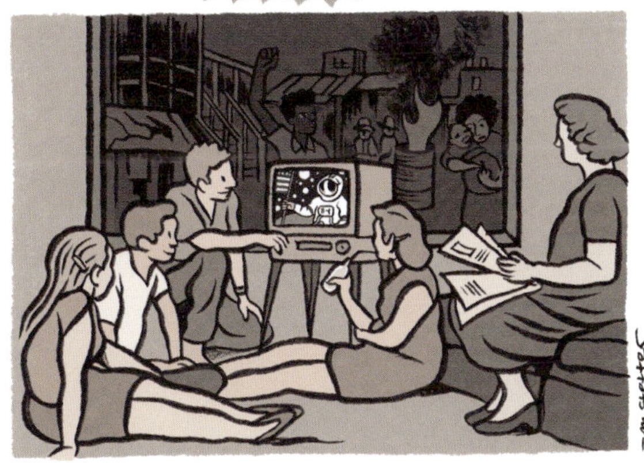

– m. stetter

Zeichnungen: Moritz Stetter, im Gespräch mit Vincent Gengnagel über "The European Green Deal as a Moonshot – Caring for a Climate-Neutral Yet Prospering Continent". Erschienen in Historical Social Research 47 (4): 267–302

Ethische Innovation mit KI

Wissenschaftler Prof. Dr.-Ing. Christian Herzog
Künstler Hamed Eshrat

[INHALTLICHE BESCHREIBUNG]
Als Geisteswissenschaftler in der Technikethik arbeite ich daran, ethische und gesellschaftliche Aspekte im technologischen Entwicklungsprozess zu berücksichtigen. Der Comic bereitet die zugrundeliegenden Spannungsverhältnisse und idealisierten Ansätze in dialogischer Form auf. Diese Integration bewegt sich in dem Spannungsfeld, „Ethik" sowohl in effektiver und effizienter Weise operationalisierbar zu machen und somit auch als eine Art „Treiber" von Innovationen zu verstehen, gleichzeitig aber auch die kritische Distanz geisteswissenschaftlicher Reflexion zu schmälern. Ethische Bedenken sollen in ein positives, konstruktives Milieu gewandelt werden, welches jedoch nicht im Sinne eines „Ethics-Washing" für Marketingzwecke vereinnahmt werden darf. Die Integration muss also im beiderseitigen offenen Austausch und in einer vertrauensvollen interdisziplinären Zusammenarbeit erfolgen. Die ideale Sprechsituation nach Habermas stellt dafür ein gutes, zum Teil aber auch unerreichbares Leitbild dar: Partizipative Ansätze sollen Zeit und Raum für die Ausbildung von Empathie bilden, in der Machtgefälle neutralisiert sind und alle Akteure in Offenheit und Transparenz miteinander auf der Suche nach dem überzeugendsten Argument lösungsorientiert diskutieren. In diesem Sinne stehen wir dafür, beispielsweise die moralische Komponente vertrauenswürdiger KI-Systeme zu thematisieren, die jenseits von Verlässlichkeit und robuster technischer Realisierung auch Aspekte berücksichtigt, die im assoziierten sozio-technischen Gesamtsystem relevant sind: Fairness, Kooperation, Kommunikation, Empathie etc. Konstruktiv wird dies, wenn z.B. sogenannte erklärbare KI-Systeme nicht nur die Erklärbarkeit im Kontext der Regulatorik berücksichtigen, sondern auch die soziale Funktion von Erklärung im Anwendungskontext ebenso wichtig ist

[REFLEXION]
Die Erstellung eines Wissenschaftscomics zur Technikethik ist in mindestens zweierlei Hinsicht produktiv. Zum einen visualisiert der Comic die thematische Ausrichtung und den Kooperationsansatz der Arbeitsgruppe. Zum anderen wird das Comic dadurch auch ein Teil der Arbeit selbst, da ein nicht unerheblicher Anteil des zeitlichen Aufwandes darin besteht, eine vertrauensvolle Grundlage für eine Zusammenarbeit im Sinne einer Befähigung zur ethischen Reflexion zu schaffen. Auf ähnliche Weise spiegelt der Comic auch den Prozess der Erstellung wider. Der Dialog über die Forschungs- und Arbeitsinhalte mit dem Künstler Hamed Eshrat entwickelte sich als eine Reihe von einzelnen Zwiegesprächen, die ein stetig klareres Bild erzeugten. In fast journalistischer Manier stellte er kritische Fragen zu Hindernissen und Schwierigkeiten, zu Erfolgsmessungen und Leitprinzipien, sowie nicht zuletzt zum zugrundeliegenden Ethikverständnis. In der angewandten Ethik muss dieses zwangsläufig auch trotz der Formulierung klarer Ideale wider das Dogma einer rein auf Zuverlässigkeit fokussierten Technikgestaltung zu offenen Enden führen. Mit einem solchen schließt auch der Comic.
Die Erstellung des Comics in Zusammenarbeit mit Hamed Eshrat war allerdings auch herausfordernd und eine Überprüfung des eigenen Standpunktes. Zu vermitteln, wie die Interaktion zwischen Ingenieurwissenschaft und Technikethik in Projekten, oder deren Anbahnung, verläuft, zumal gerade diese Kommunikationsarbeit selbst einen wichtigen Forschungsgegenstand darstellt, stellte selbst einen Akt des Vertrauens gegenüber Hamed Eshrat dar. Dessen überragendes Talent zeigte sich entsprechend sowohl durch die Interpretations- wie auch die Darstellungsleistung.

Ethische Innovation mit KI

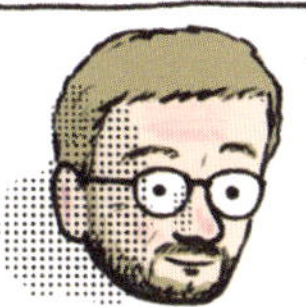

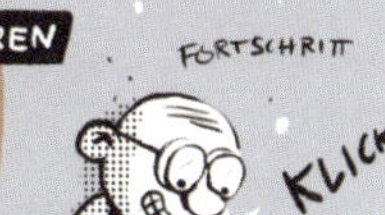

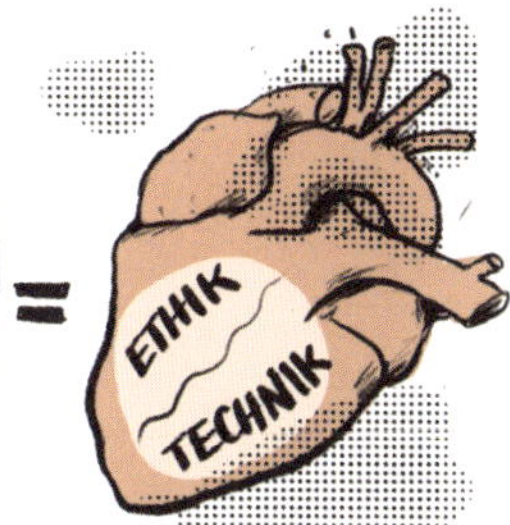

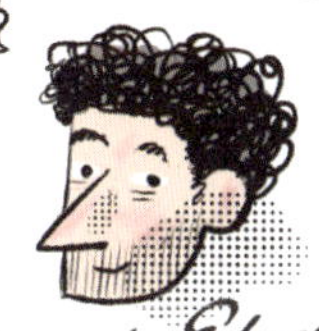

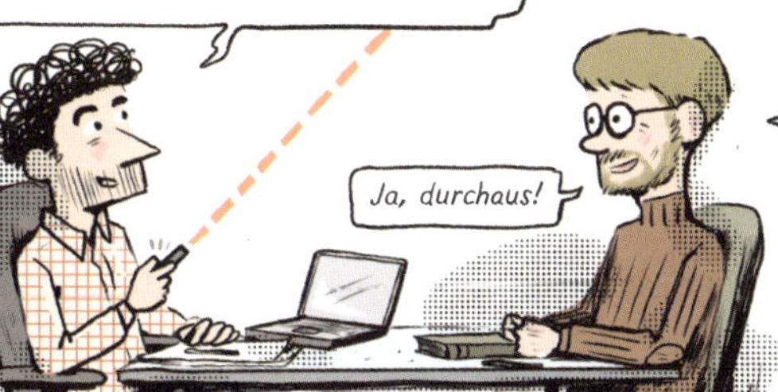

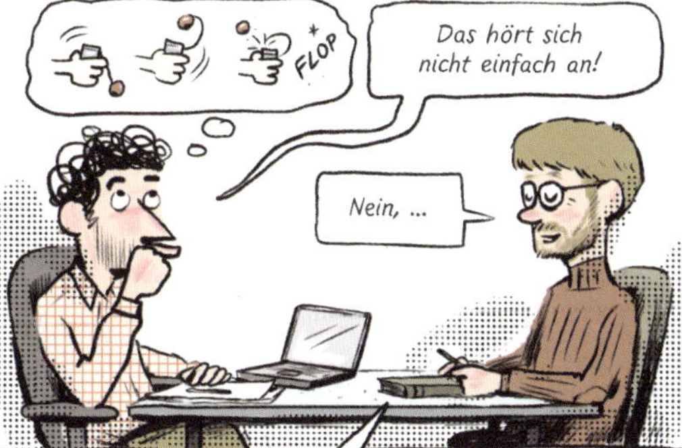

... Wir versuchen einen offenen Diskurs mit unseren Kooperationspartnern zu pflegen, dabei orientieren wir uns an die von J. Habermas definierte **„ideale Sprechsituation"**. Diese Aspekte sind hierfür wesentlich:

PARTIZIPATION

UND EINE GERECHTE TEILHABE

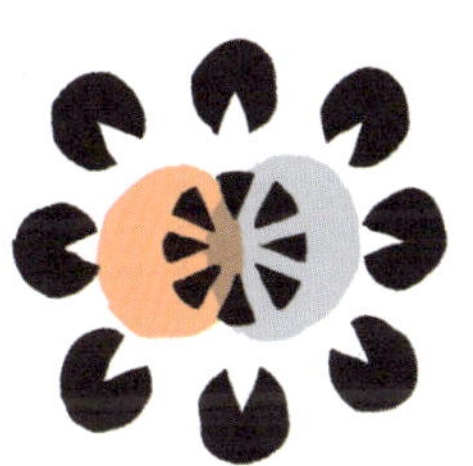

EMPATHIE

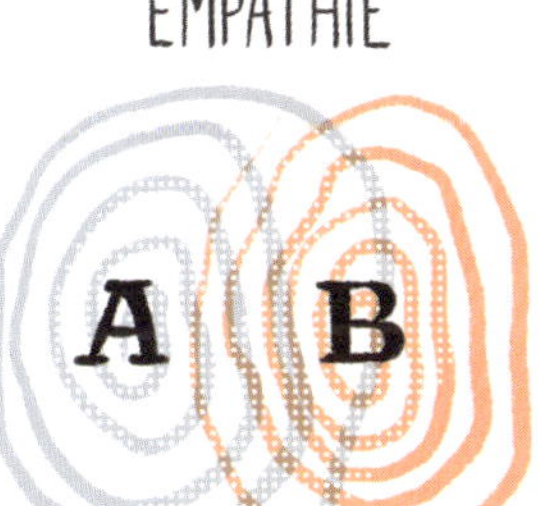

KEINE DOMINANZ

BESTIMMTER PARTEIEN

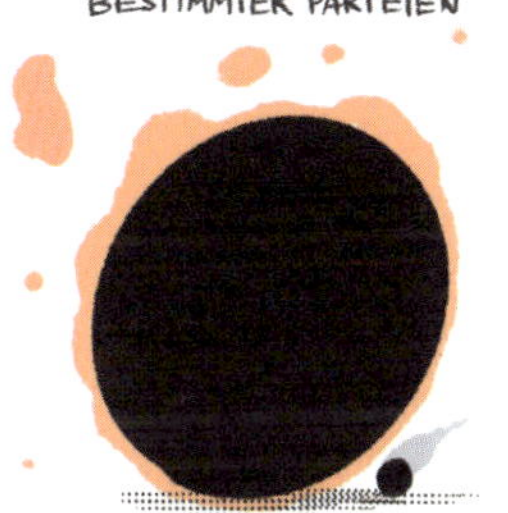

OFFENHEIT & TRANSPARENZ

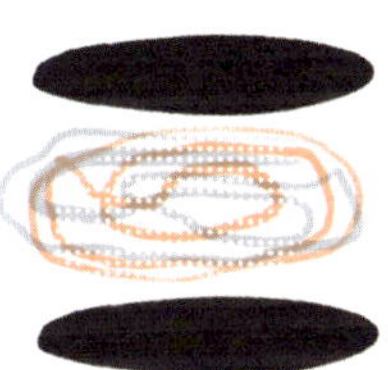

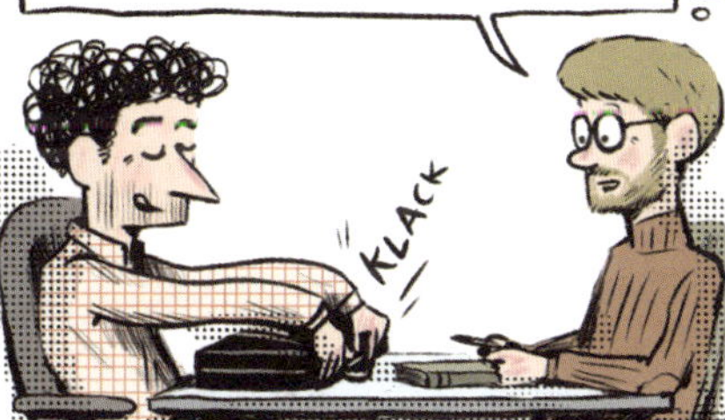

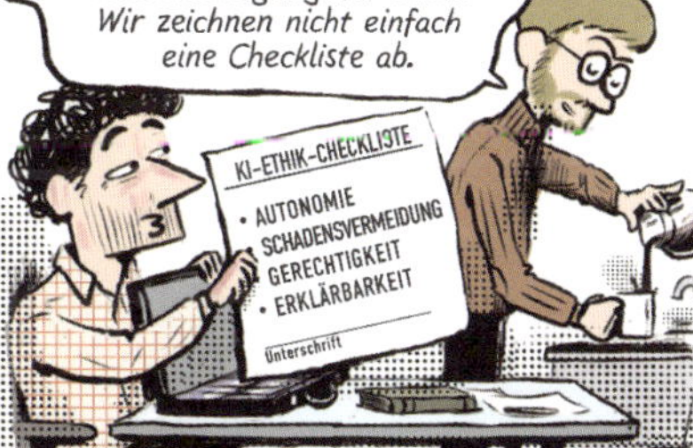

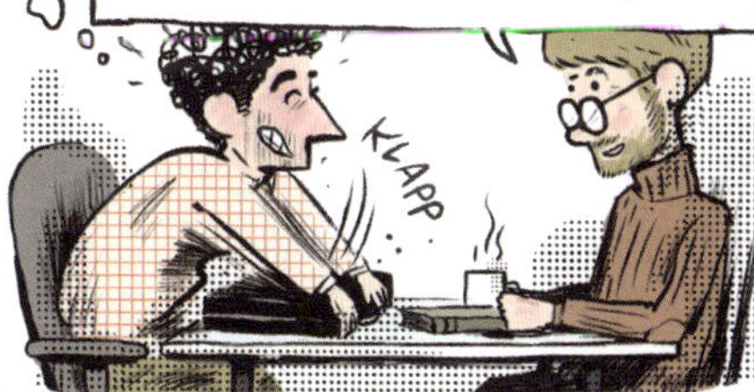

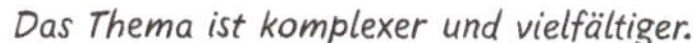

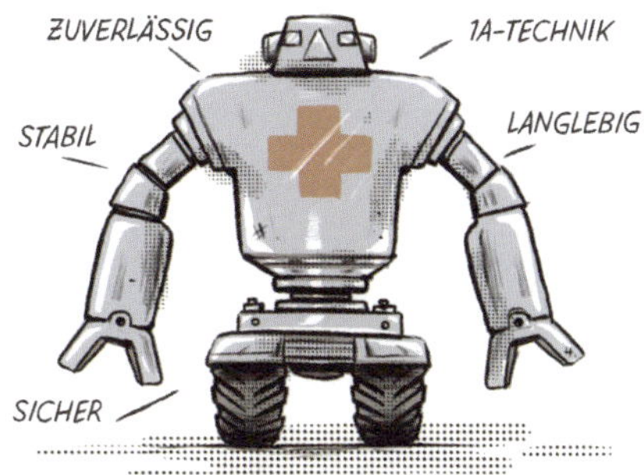

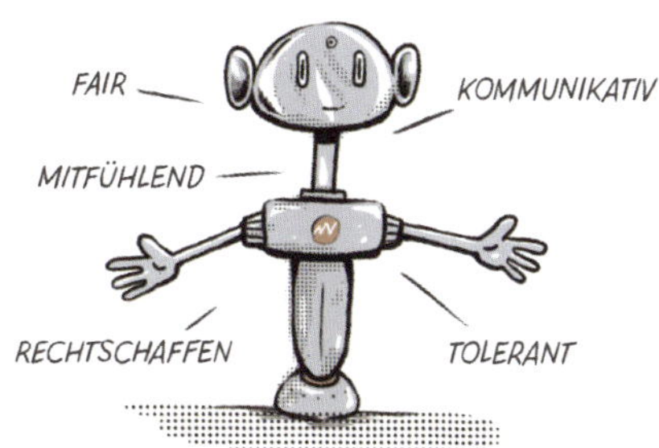

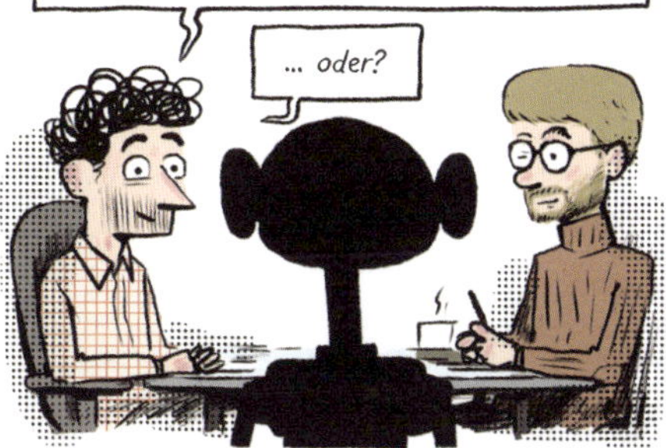

Das Spiel des Lebens

Wissenschaftler Dr. Colin von Negenborn
Künstlerin Melanie Gandyra

[INHALTLICHE BESCHREIBUNG]

Der Comic illustriert zunächst zwei bisher getrennte wissenschaftliche Disziplinen: Die Spieltheorie auf der einen Seite beschreibt primär die zwischenmenschliche Interaktion rationaler Akteure; die Umweltethik auf der anderen Seite befasst sich mit der Beziehung zwischen Mensch und Natur. Diese beiden Anwendungsgebiete werden in der Bildsprache der ersten beiden Panels – erst technisch-urban, dann organisch – aufgegriffen. Anschließend werden beide Disziplinen zusammengeführt: Statt den Fokus nur auf den Menschen zu legen, sollen auch Tiere als Spieler:innen im Sinne der Spieltheorie berücksichtigt werden. Das Überreichen der Spielwürfel und das Bespielen eines gemeinsamen Spielbretts stellt diese Synthese dar, während die Ecken des Spielfelds den Perspektivwechsel auf einen umfassenderen Blick auf unseren Umgang mit Natur zum Ausdruck bringen.

[REFLEXION]

Die Kommunikation interdisziplinärer Forschung stellt mitunter schon innerhalb Wissenschaften selbst eine Herausforderung dar: Fachfremde Methoden oder Fragestellungen rufen zunächst eine gewisse Skepsis hervor und lassen sich nur schwer in die gängigen Denkschulen einordnen. Entsprechend besteht besonderer Erklärungs- und Rechtfertigungsbedarf, wenn die Wege der jeweiligen Disziplin verlassen und Werkzeuge aus anderen Fachbereichen hinzugezogen werden.

Der vorliegende Comic ist nicht nur Beispiel eines solchen interdisziplinären Ansatzes, sondern soll zugleich auch diese Herausforderung zum Ausdruck bringen. So werden zunächst zwei unterschiedliche (Teil-)Disziplinen mit ihren entsprechenden Instrumentarien eingeführt: einerseits die mikroökonomische Theorie mit der Sprache der Spieltheorie, andererseits die Ethik mit der Denkschule der utilitaristischen Umweltethik. Beide Seiten haben jedoch ihre „blinden Flecken" und können bestimmte Fragestellungen, vor allem im Kontext der Mensch-Natur-Interaktion, nur bedingt beantworten. Ziel des Comics war zunächst, die beiden Seiten und ihre jeweiligen Grenzen inhaltlich zu beschreiben und visuell darzustellen.

Ein interdisziplinärer Ansatz bietet nicht bloß eine Zusammenführung, sondern auch einen echten Mehrwert. Im dritten Abschnitt zeigt daher eine argumentative und bildliche Synthese, welche zusätzlichen Erkenntnisse die Verbindung beider Ansätze verspricht. Aufgabe des Comics war hier weniger, konkrete Forschungsergebnisse zu beschreiben – sondern die Perspektiverweiterung aufzuzeigen, die sich durch die Brille der Interdisziplinarität ergibt.

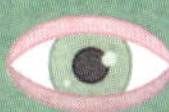

Dr. Colin von Negenborn Comic: Melanie Gandyra

DAS SPIEL DES LEBENS

Konfliktlösung zwischen Mensch und Tier an der Schnittstelle von Spieltheorie und Umweltethik

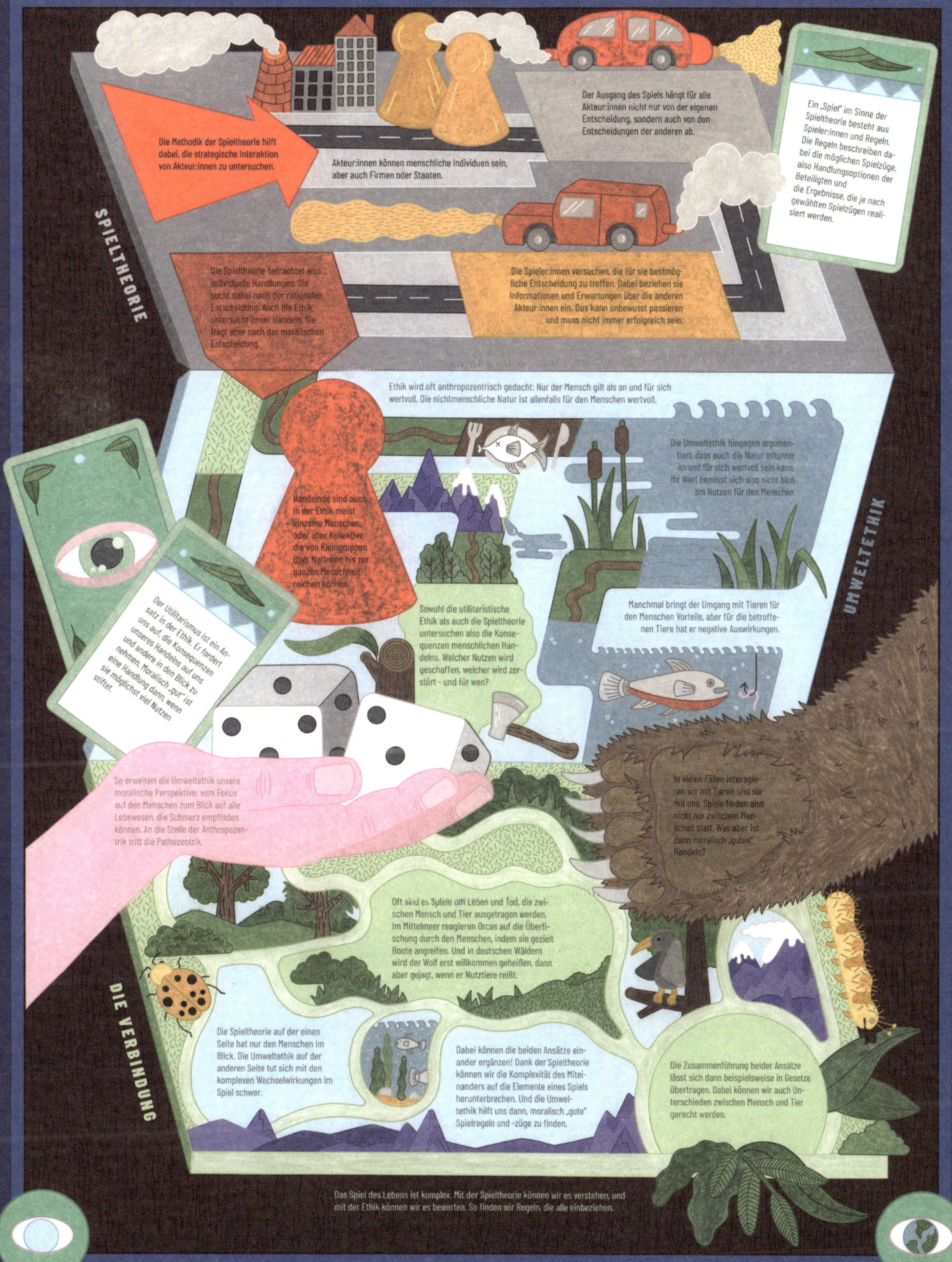

SPIELTHEORIE

Die Methodik der Spieltheorie hilft dabei, die strategische Interaktion von Akteur:innen zu untersuchen.

Akteur:innen können menschliche Individuen sein, aber auch Firmen oder Staaten.

Der Ausgang des Spiels hängt für alle Akteur:innen nicht nur von der eigenen Entscheidung, sondern auch von den Entscheidungen der anderen ab.

Ein „Spiel" im Sinne der Spieltheorie besteht aus Spieler:innen und Regeln. Die Regeln beschreiben dabei die möglichen Spielzüge, also Handlungsoptionen der Beteiligten und die Ergebnisse, die je nach gewählten Spielzügen realisiert werden.

Die Spieltheorie betrachtet also individuelle Handlungen. Sie sucht dabei nach der rationalen Entscheidung. Auch die Ethik untersucht unser Handeln. Sie fragt aber nach der moralischen Entscheidung.

Die Spieler:innen versuchen, die für sie bestmögliche Entscheidung zu treffen. Dabei beziehen sie Informationen und Erwartungen über die anderen Akteur:innen ein. Das kann unbewusst passieren und muss nicht immer erfolgreich sein.

UMWELTETHIK

Ethik wird oft anthropozentrisch gedacht: Nur der Mensch gilt als an und für sich wertvoll. Die nichtmenschliche Natur ist allenfalls für den Menschen wertvoll.

Handelnde sind auch in der Ethik meist einzelne Menschen, oder aber Kollektive, die von Kleingruppen über Nationen bis zur ganzen Menschheit reichen können.

Die Umweltethik hingegen argumentiert, dass auch die Natur mitunter an und für sich wertvoll sein kann. Ihr Wert bemisst sich also nicht bloß am Nutzen für den Menschen

Der Utilitarismus ist ein Ansatz in der Ethik. Er fordert uns auf, die Konsequenzen unseres Handelns auf uns und andere in den Blick zu nehmen. Moralisch „gut" ist eine Handlung dann, wenn sie möglichst viel Nutzen stiftet.

Sowohl die utilitaristische Ethik als auch die Spieltheorie untersuchen also die Konsequenzen menschlichen Handelns. Welcher Nutzen wird geschaffen, welcher wird zerstört - und für wen?

Manchmal bringt der Umgang mit Tieren für den Menschen Vorteile, aber für die betroffenen Tiere hat er negative Auswirkungen.

So erweitert die Umweltethik unsere moralische Perspektive: vom Fokus auf den Menschen zum Blick auf alle Lebewesen, die Schmerz empfinden können. An die Stelle der Anthropozentrik tritt die Pathozentrik.

In vielen Fällen interagieren wir mit Tieren und sie mit uns. Spiele finden also nicht nur zwischen Menschen statt. Was aber ist dann moralisch „gutes" Handeln?

DIE VERBINDUNG

Oft sind es Spiele um Leben und Tod, die zwischen Mensch und Tier ausgetragen werden. Im Mittelmeer reagieren Orcas auf die Überfischung durch den Menschen, indem sie gezielt Boote angreifen. Und in deutschen Wäldern wird der Wolf erst willkommen geheißen, dann aber gejagt, wenn er Nutztiere reißt.

Die Spieltheorie auf der einen Seite hat nur den Menschen im Blick. Die Umweltethik auf der anderen Seite tut sich mit den komplexen Wechselwirkungen im Spiel schwer.

Dabei können die beiden Ansätze einander ergänzen! Dank der Spieltheorie können wir die Komplexität des Miteinanders auf die Elemente eines Spiels herunterbrechen. Und die Umweltethik hilft uns dann, moralisch „gute" Spielregeln und -züge zu finden.

Die Zusammenführung beider Ansätze lässt sich dann beispielsweise in Gesetze übertragen. Dabei können wir auch Unterschieden zwischen Mensch und Tier gerecht werden.

Das Spiel des Lebens ist komplex. Mit der Spieltheorie können wir es verstehen, und mit der Ethik können wir es bewerten. So finden wir Regeln, die alle einbeziehen.

Menschen wandeln Wirtschaftsgeographie

Wissenschaftlerin Prof. Dr. Paula Prenzel
Künstler Moritz Stetter

[INHALTLICHE BESCHREIBUNG]

Obwohl demographische Veränderungen einen großen Einfluss auf die Wirtschaft haben, wird ihre Rolle manchmal übersehen. Dabei ist demographischer Wandel kein abstraktes Zukunftsproblem, sondern beschreibt vielfältige Veränderungen, die schon jetzt greifbar sind: außer Alterung geht es auch um Themen wie Diversität, Bevölkerungswachstum oder Schrumpfung. Gleichzeitig müssen diese Veränderungen nicht negativ sein, sondern können auch positive Effekte haben. Verschiedene Orte erfahren aber sehr unterschiedliche demographische Prozesse und gehen auch unterschiedlich mit Veränderungen um. Deshalb bietet sich besonders eine räumliche Perspektive an, um die Auswirkungen von Veränderungen in der Bevölkerung auf die Wirtschaft zu untersuchen. So kann ein Fokus auf die Bevölkerung im Rahmen von Wirtschaftsgeographie dazu beitragen, die Herausforderungen und Chancen demographischer Veränderungen besser zu verstehen und auf diese zu reagieren.

[REFLEXION]

Das Thema des Comics war absichtlich breit gewählt und sollte verschiedene Assoziationen zulassen, aber gleichzeitig auch ein paar Grundinformationen abdecken. Beides war für mich wichtig, damit ich den Comic in möglichst vielen Situationen nutzen kann. Deshalb ging es schon in der Konzeption um die schwierige Frage, welche Aussagen an welchen Stellen eingebunden werden könnten. Letztendlich ergab sich eine Kombination: Auf der einen Seite enthält der Comic detaillierte Stadtszenen, die wie Wimmelbilder wirken und bei denen unterschiedliche Details ins Auge fallen sollen. Andererseits gibt es auch Panels mit strukturierterer Bedeutung, vor allem die mittleren beiden, die die Realität von „Bevölkerungsalterung" auf individueller und auf gesellschaftlicher Ebene aufgreifen. Die letzten beiden Panels schlagen durch Hinweise auf Methodik und Forschungsfragen den Bogen zur Fachdisziplin der Geographie und zur Bedeutung räumlicher Perspektiven.

Interessanterweise entstand aus unseren Diskussionen über die zu transportierende Story so letztendlich ein Comic, der nicht nur als Ganzes, sondern tatsächlich auch in Teilstücken funktioniert. Man kann sozusagen in einzelne Panels hineinzoomen und diese als konkrete Teilargumente benutzen, was für die Kommunikation der Gesamtidee mit unterschiedlichen Schwerpunkten und für unterschiedliches Publikum sehr wertvoll ist.

In der Vorbereitung des Comics wurde schnell deutlich, dass ich als Wissenschaftlerin gewöhnt bin, meine Gedanken in Worten zu formulieren, aus Sicht der Kunst (und der Wissenschaftscomics) aber natürlich das Bild für sich sprechen muss. Der dringende Perspektivwechsel von „Wie kann man das sagen?" zu „Wie würde das aussehen?", war eine Herausforderung, aber auch eine inspirierende Erfahrung. Zum Beispiel besprachen wir in einem frühen Treffen die Bevölkerungspyramide, die nicht mehr wie eine aussieht. Ich versuchte sie in Worten zu beschreiben, war aber nicht so richtig erfolgreich. Als Moritz Stetter dann selbst nachschaute, fiel ihm sofort auf, dass es eindeutig zwei Gesichter sind – und damit hat er natürlich absolut recht. Wir fanden so also eine passende Illustration für den Comic, die auch tatsächlich dazu anregt, vertraute Konzepte mit neuem Blick zu betrachten.

Der Anspruch, möglichst wenig Text möglichst effektiv zu nutzen, motivierte auch die Idee, fiktive Städtenamen zu suchen, die augenzwinkernd Stereotypen aufgreifen und damit gleichzeitig die räumliche Vielfalt abbilden. Dabei stellt das letzte Panel auch klar, dass in der Realität natürlich an jedem Ort ein Stückchen Idyllingen, ein bisschen Divercity oder eine Ecke Boomerhausen zu finden ist. Der Einfluss der demographischen Prozesse – und deshalb der Menschen – auf wirtschaftliche und gesellschaftliche Entwicklungen ist aber überall sichtbar.

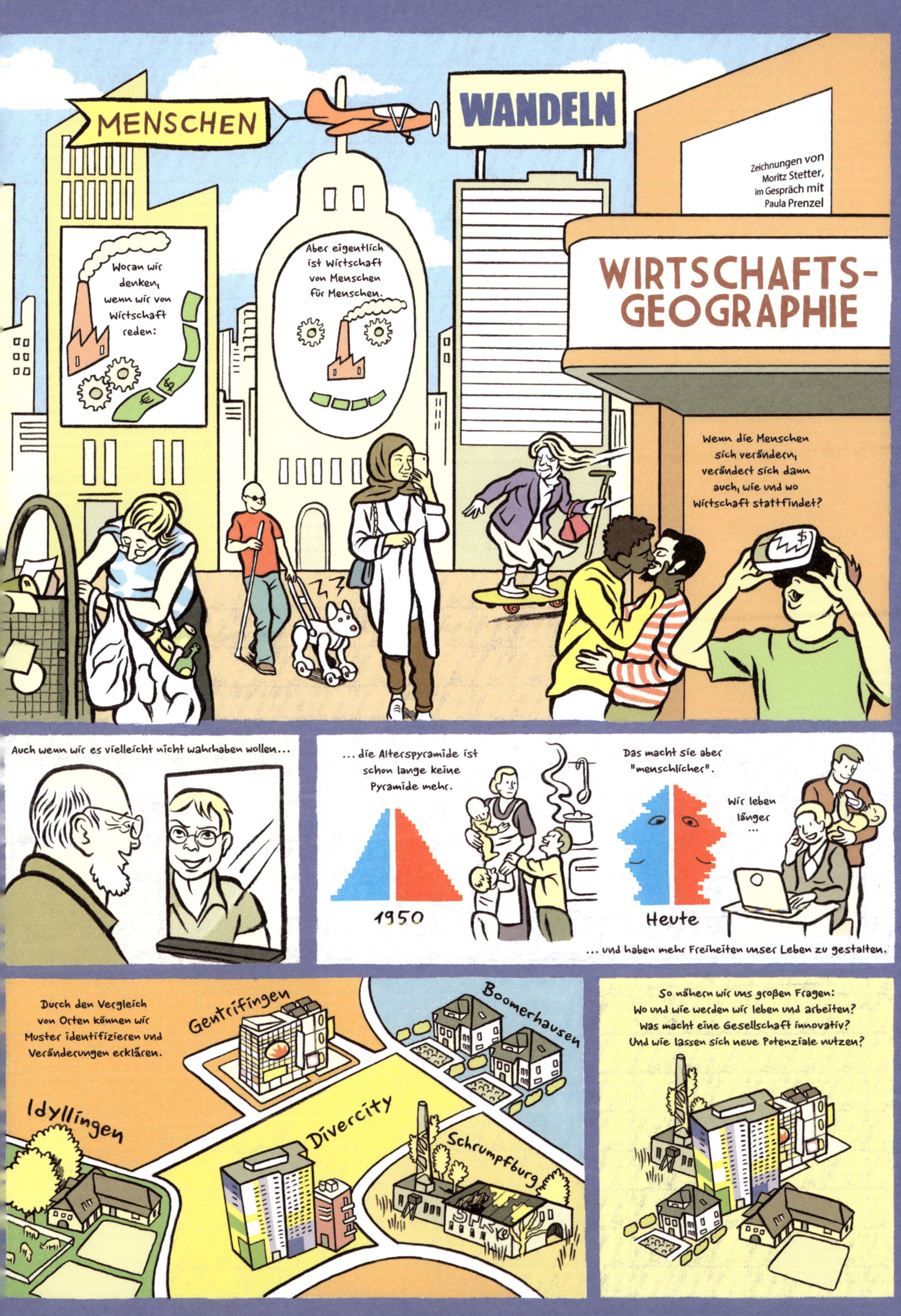
MENSCHEN
WANDELN
WIRTSCHAFTS-GEOGRAPHIE
Zeichnungen von Moritz Stetter, im Gespräch mit Paula Prenzel
Woran wir denken, wenn wir von Wirtschaft reden:
Aber eigentlich ist Wirtschaft von Menschen für Menschen.
Wenn die Menschen sich verändern, verändert sich dann auch, wie und wo Wirtschaft stattfindet?
Auch wenn wir es vielleicht nicht wahrhaben wollen …
… die Alterspyramide ist schon lange keine Pyramide mehr.
1950
Das macht sie aber "menschlicher".
Heute
Wir leben länger …
… und haben mehr Freiheiten unser Leben zu gestalten.
Durch den Vergleich von Orten können wir Muster identifizieren und Veränderungen erklären.
Gentrifingen
Boomerhausen
Idyllingen
Divercity
Schrumpfburg
So nähern wir uns großen Fragen:
Wo und wie werden wir leben und arbeiten?
Was macht eine Gesellschaft innovativ?
Und wie lassen sich neue Potenziale nutzen?

Feminist Principles of the Internet

Wissenschaftler Dr. Dennis Redeker
Künstlerin Hannah Brinkmann

[INHALTLICHE BESCHREIBUNG]
Das Internet hat sich in den letzten drei Jahrzehnten stark verändert: Die Cyberutopien der 1990er tragen nicht mehr. Die Macht von Großunternehmen und Staaten über das, was online gelesen, geschrieben und gehört wird, verfestigt sich. Aktivist:innen – vor allem aus dem globalen Süden – setzen mit den „Feminist Principles of the Internet" einen Gegenstandpunkt. Der Comic erzählt von der Entstehung und der Wirkung dieses Dokuments und basiert auf einem Teil meiner Doktorarbeit. Für eine von mehreren Fallstudien befragte ich zwölf Aktivist:innen, die an den Feminist Principles mitwirkten bzw. sich für diese einsetzen. Das Dokument und insbesondere der Prozess seiner Entstehung sind paradigmatisch für ein spannendes Genre von Dokumenten, den „Digital Bills of Rights", zumeist Forderungskataloge zivilgesellschaftlicher Akteur:innen oder auch Erklärungen (zwischen-)staatlicher Institutionen, welche normative Grundsätze für das Internet und die Nutzung digitaler Technologien explizit benennen. Die Sprache dieser Dokumente ist häufig an Grund- und Menschenrechte oder Ordnungsprinzipien angelehnt. Wie im Fall der Feminist Principles wirken diese Digital Bills of Rights häufig als konstituierende und integrierende Elemente transnationaler Netzwerke und Bewegungen. So bereiten die beteiligten Akteur:innen – oftmals ganz bewusst – den Boden für einen koordinierten und gleichzeitig dezentralisierten Aktivismus für eine bessere digitale Gesellschaft.

[REFLEXION]
Die Umsetzung des Themas hat überraschend problemlos funktioniert. Die Künstlerin Hannah Brinkmann verstand es, bereits in einer ersten Fassung des Storyboards die verschiedenen Prozesse der Entstehung und der aktivistischen Arbeit mit den Feminist Principles durch ein transnationales Netzwerk in ein Narrativ zu entwickeln, dass sich der sich ausweitenden Kommerzialisierung, Zentralisierung und „Plattformisierung" des Internets entgegenstellt. Dabei verbinden sich die Ziele der Aktivist:innen hinter den Feminist Principles mit denen eines vielleicht unerwarteten Akteurs: John Perry Barlow, der Cowboy aus den ersten Panels, ist als Cyberlibertärer bekannt, der mit seiner zitierten „Declaration of the Independence of Cyberspace" von 1996 – aus einer ganz anderen Perspektive – seine Ablehnung gegenüber dem Einfluss von Konzernen und staatlicher Autorität manifestierte. Inwiefern der 2018 verstorbene Barlow, der sich lange als Internet-Aktivist für Freiheit im Internet eingesetzt hat, mit den Feminist Principles sympathisierte ist mir nicht bekannt. Auch weichen die Feminist Principles deutlich von den Forderungen Barlows ab – es ist unwahrscheinlich, dass sich die Aktivist:innen hinter dem Dokument in einer Linie mit dem Cyberlibertarismus sehen. Schließlich enthalten die Feminist Principles (neben einem gewissen Antikapitalismus) auch klare Forderungen an staatliche Akteur:innen, sich etwa für ein Ende der Gewalt gegen Frauen, Kinder und marginalisierte Gruppen im Internet einzusetzen.
Diese Komplexitäten in den Allianzen zwischen Akteur:innen und deren Ideologien im Feld der digitalen Governance können sicher nicht im Comic dargestellt werden.
Eine bildliche Darstellung erfordert meist eine Reduktion auf einige wenige Akteur:innen, einen Umstand, welchen das Comic durch viele weitere Personen, die im Hintergrund verschwimmen, zu beheben sucht. Insgesamt finden Persönlichkeiten und deren Ebenbild – auf den Vorschlag der Künstlerin hin – recht viel Raum: Barlow, Nadine Moawad, Jac sm Kee und Joy Liddicoat werden im Comic angelehnt an existierende Fotos eingeführt und benannt. Die Sprechblasen der drei Aktivistinnen geben Zitate aus den Interviews wieder. Wie auch meine Forschungsergebnisse lässt das Comic Grund zur Hoffnung auf ein besseres Internet und endet mit einer sehr hoffnungsfrohen Botschaft.

FEMINIST PRINCIPLES OF THE INTERNET

DR. DENNIS REDEKER

COMIC: HANNAH BRINKMANN

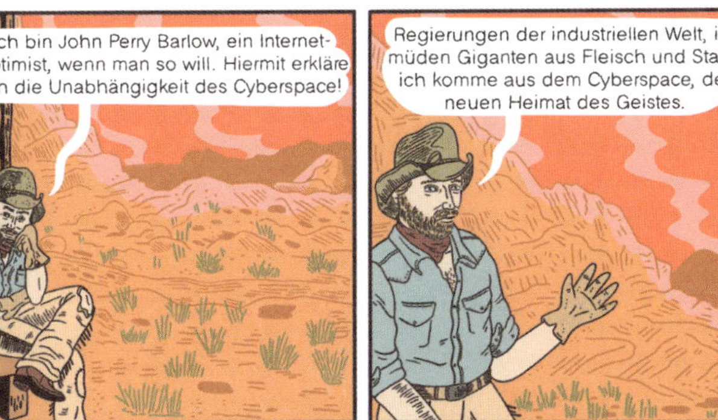

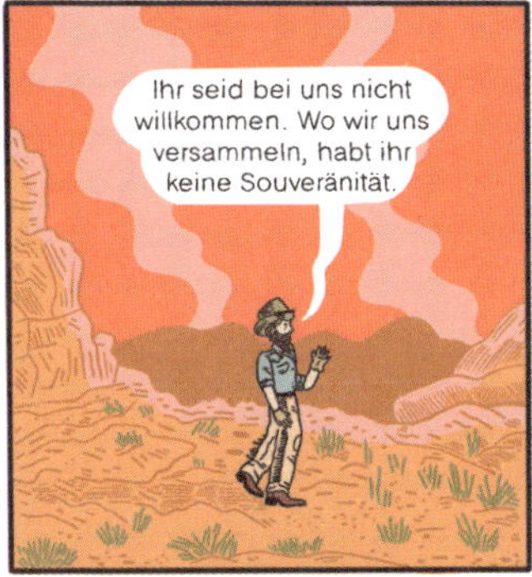

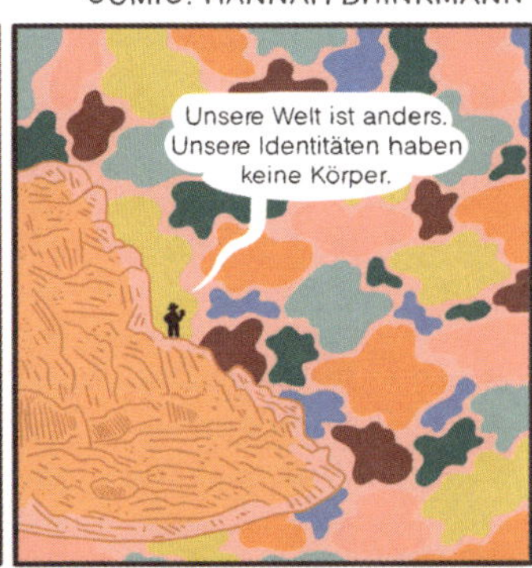

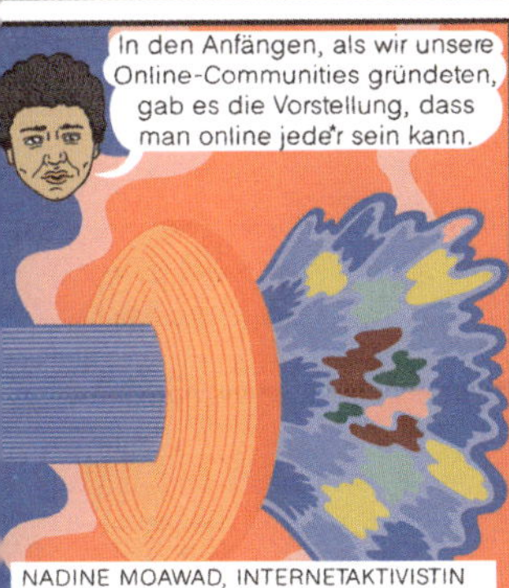

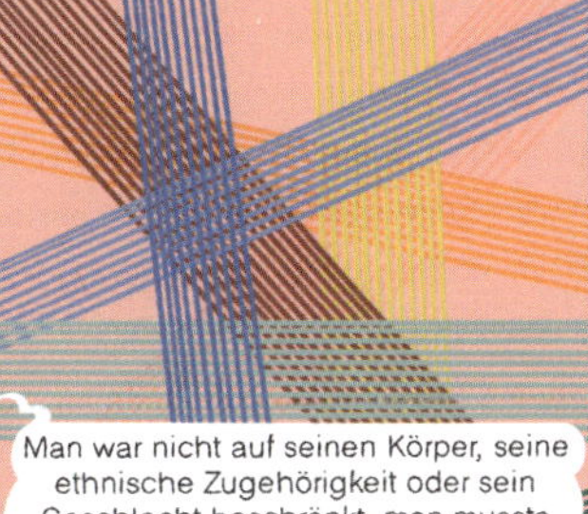

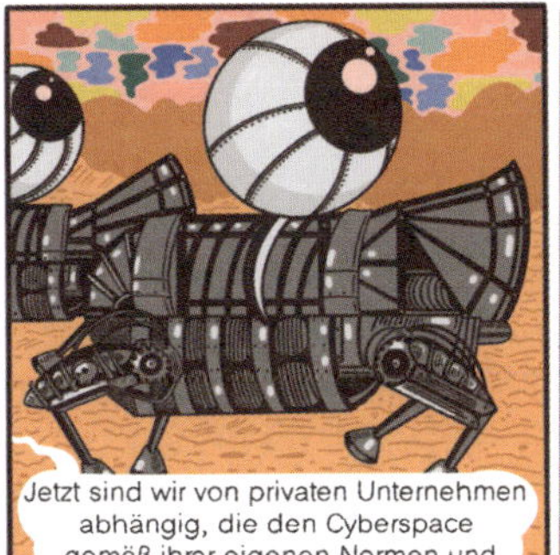

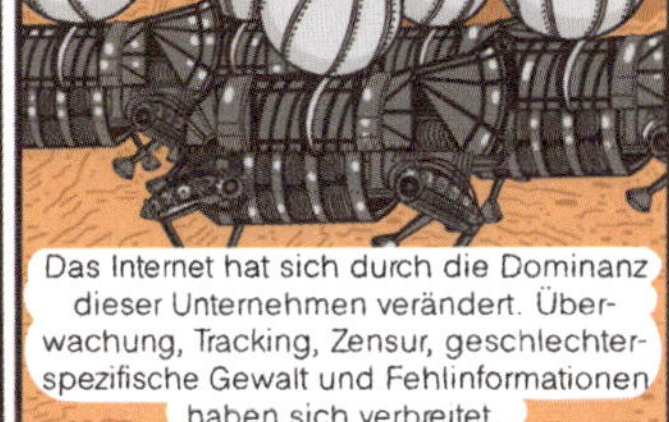

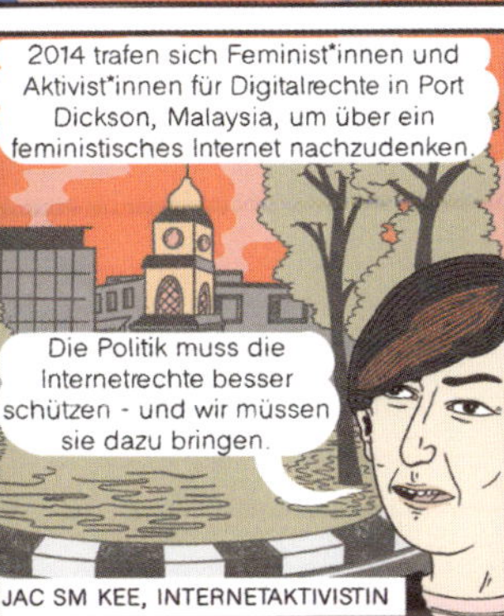

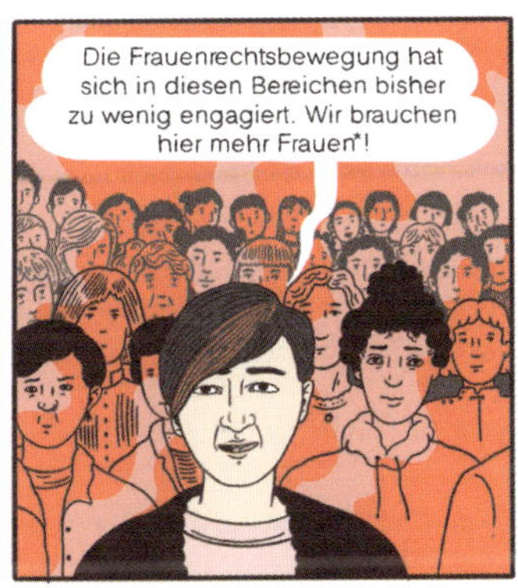

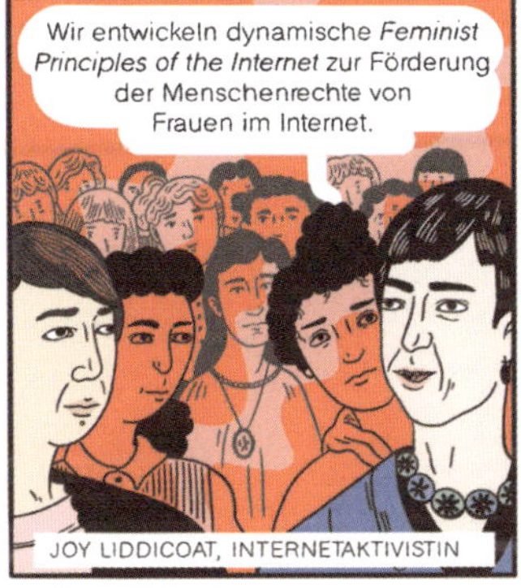

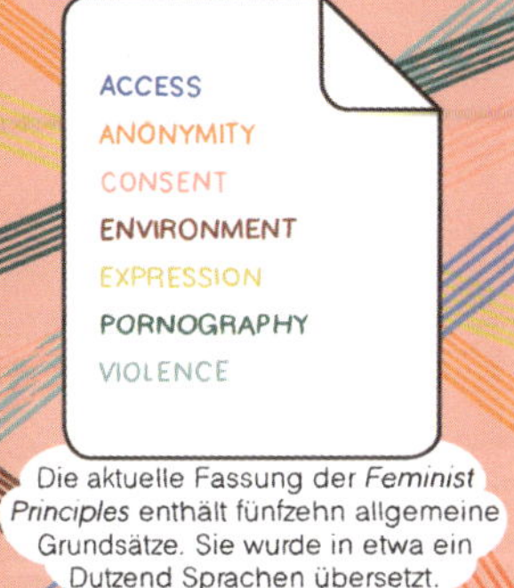

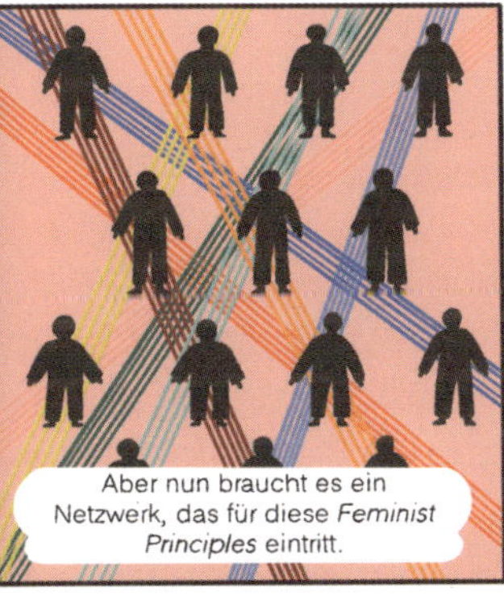

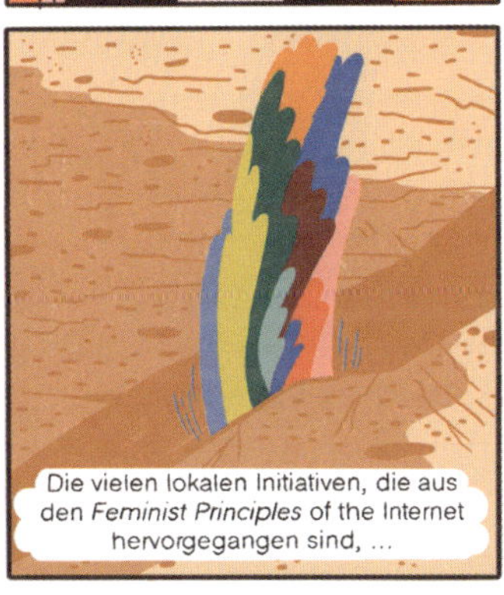

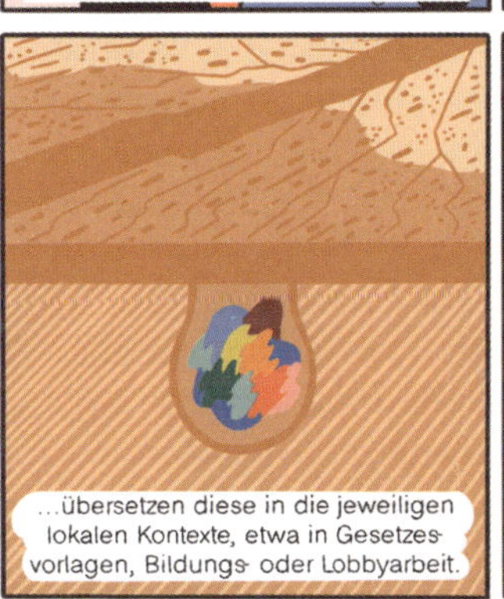

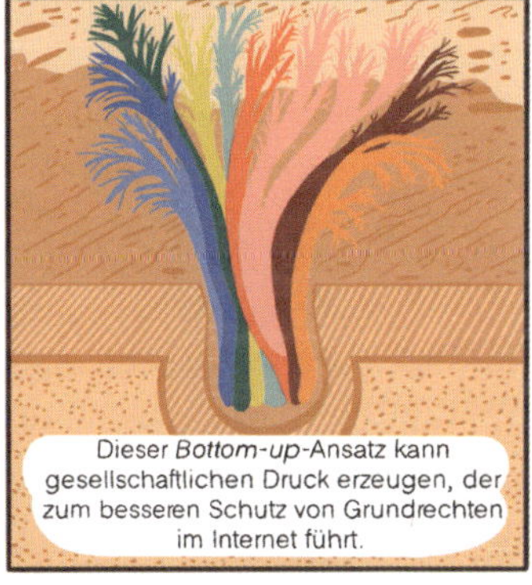

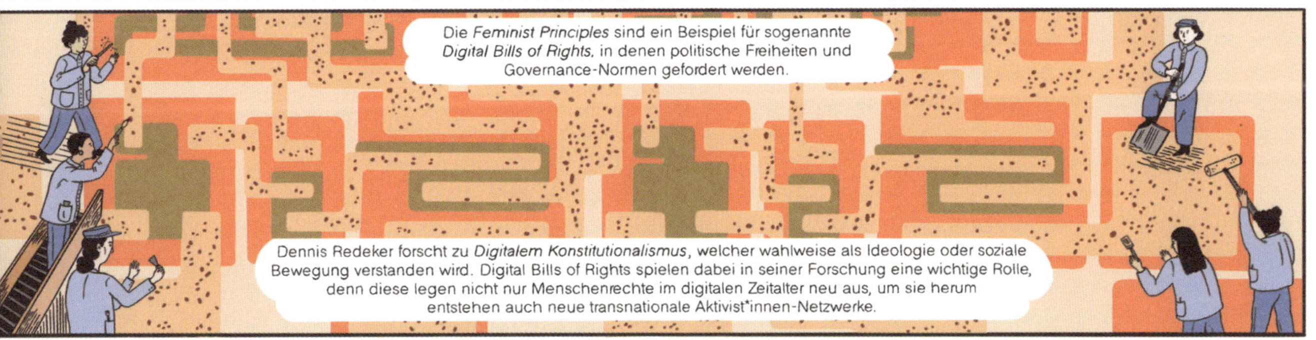

Polarisierung durch soziale Medien in Demokratien?

Wissenschaftler Dr. Stefan Wallaschek
Künstlerin Hannah Brinkmann

[INHALTLICHE BESCHREIBUNG]
Der Comic thematisiert die viel beschworene „Krise der Demokratie" und fokussiert auf die Rolle sozialer Medien in demokratischen Gesellschaften. Während soziale Medien vielfach für die ideologische und affektive Polarisierung verantwortlich gemacht werden, da sie z. B. Filterblasen und Echokammern schaffen würden, sollte auch beachtet werden, wie traditionelle Medien (TV, Presse, Radio) sowie die Politik zu gesellschaftlichen Konflikten beitragen. Die Wechselwirkung zwischen sozialen Medien, traditionellen Medien und Politik muss genauer analysiert werden, um zu verstehen, wie gesellschaftliche Konflikte entstehen und wie sie sich verschärfen. Zudem sind es vielfach institutionelle Akteur:innen, die mit ihrer starken öffentlichen Präsenz mediale Debatten bestimmen. Weniger institutionalisierte Akteur:innen nutzen hingegen soziale Medienplattformen, um sich – auch transnational – zu vernetzen und Gehör zu finden. Dadurch können soziale Medien für diese Akteur:innen auch eine empowernde Wirkung entfalten.

[REFLEXION]
Die Verbildlichung des wissenschaftlichen Gegenstandes war durch den Fokus auf Konflikte, soziale Medien und gesellschaftspolitische Veränderungen greifbar und aktuell relevant. Jedoch war es herausfordernd diese Komplexität visuell einzufangen. Die Künstlerin Hannah Brinkmann und ich durchliefen daher mehrere Austauschrunden, um im Hin und Her aus wissenschaftlicher und zeichnerischer Kreativität eine gemeinsame Bildsprache zu entwickeln. Um den Verlauf darzustellen, haben wir den klassischen, von oben nach unten lesbaren Aufbau des Comics genutzt, ohne jedoch auf Cartoon-ähnliche Boxen und Pfeile zurückzugreifen.

Diese sich über das Blatt schlängelnde Geschichte finde ich auch zwei Jahre nach Entstehung noch überaus anregend zu betrachten. Der Austausch hat mich herausgefordert, eindeutige nicht-fachwissenschaftliche Aussagen über mein Forschungsinteresse zu formulieren, die sich visuell darstellen lassen. Zudem hat die Zusammenarbeit und die künstlerische Umsetzung durch Hannah meinen Blick für Sprachbilder und die visuelle Darstellung von Forschung geschärft. Wie lassen sich beispielsweise akkurat Echokammern und Filterblasen darstellen und wie eine veränderte Kommunikations- und Technologielandschaft, ohne zu viel historisches Wissen bei den Betrachter:innen vorauszusetzen? Wir haben zudem verschiedene bekannte Symbole wie z. B. den #MeToo-Hashtag oder die Flaggen der EU und USA im Comic platziert, um auf diverse Ereignisse und Kontexte hinzuweisen. Diese sollen zum Nach- und Weiterdenken über das Thema anregen. Der Comic setzt einen Fokus auf Handlungen wie das Befeuern gesellschaftlicher Konflikte durch Fake News oder das Sprechen in Medien und auf öffentlichen Bühnen, wodurch der Comic Lebendigkeit und Dynamik vermittelt. Diese künstlerische Darstellung meiner Forschung fängt sehr gut ein, dass unbestreitbar ist, dass soziale Medienplattformen Politik und Gesellschaft sich verändern. Es muss jedoch genau untersucht werden, inwiefern diese Plattformen Veränderungen begünstigen oder verhindern und unter welchen Bedingungen diese Veränderungen eher ins Regressive oder ins Progressive schwenken.
Der Comic liegt sowohl in deutscher als auch englischer Sprache vor und soll so über Sprach- und Ländergrenzen hinweg zeigen, ‚was wir schon wissen'.

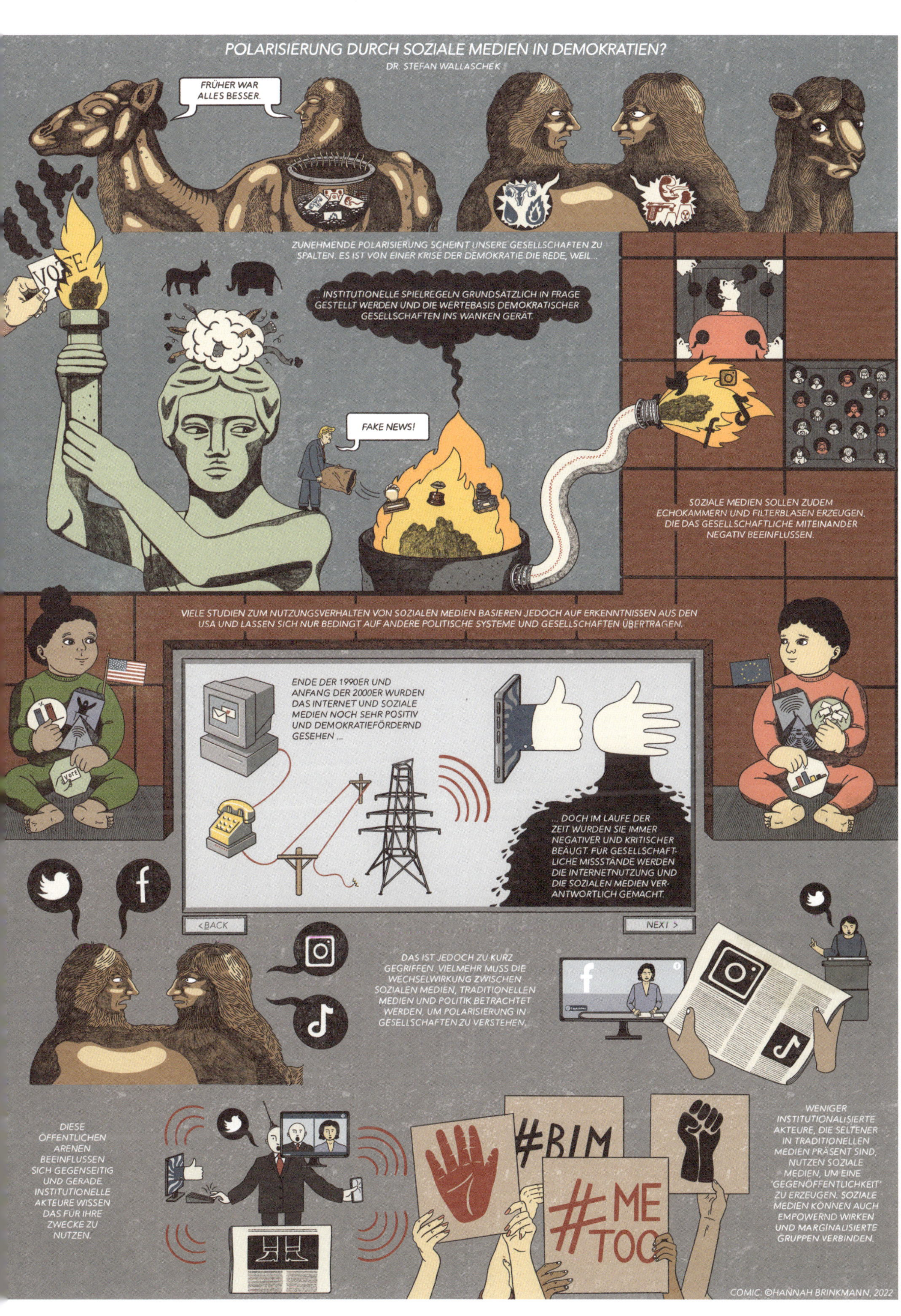
POLARISIERUNG DURCH SOZIALE MEDIEN IN DEMOKRATIEN?
DR. STEFAN WALLASCHEK
FRÜHER WAR ALLES BESSER.
ZUNEHMENDE POLARISIERUNG SCHEINT UNSERE GESELLSCHAFTEN ZU SPALTEN. ES IST VON EINER KRISE DER DEMOKRATIE DIE REDE, WEIL ...
... INSTITUTIONELLE SPIELREGELN GRUNDSÄTZLICH IN FRAGE GESTELLT WERDEN UND DIE WERTEBASIS DEMOKRATISCHER GESELLSCHAFTEN INS WANKEN GERÄT.
VOTE
FAKE NEWS!
SOZIALE MEDIEN SOLLEN ZUDEM ECHOKAMMERN UND FILTERBLASEN ERZEUGEN, DIE DAS GESELLSCHAFTLICHE MITEINANDER NEGATIV BEEINFLUSSEN.
VIELE STUDIEN ZUM NUTZUNGSVERHALTEN VON SOZIALEN MEDIEN BASIEREN JEDOCH AUF ERKENNTNISSEN AUS DEN USA UND LASSEN SICH NUR BEDINGT AUF ANDERE POLITISCHE SYSTEME UND GESELLSCHAFTEN ÜBERTRAGEN.
ENDE DER 1990ER UND ANFANG DER 2000ER WURDEN DAS INTERNET UND SOZIALE MEDIEN NOCH SEHR POSITIV UND DEMOKRATIEFÖRDERND GESEHEN ...
... DOCH IM LAUFE DER ZEIT WURDEN SIE IMMER NEGATIVER UND KRITISCHER BEÄUGT. FÜR GESELLSCHAFTLICHE MISSSTÄNDE WERDEN DIE INTERNETNUTZUNG UND DIE SOZIALEN MEDIEN VERANTWORTLICH GEMACHT.
<BACK
NEXT >
DAS IST JEDOCH ZU KURZ GEGRIFFEN. VIELMEHR MUSS DIE WECHSELWIRKUNG ZWISCHEN SOZIALEN MEDIEN, TRADITIONELLEN MEDIEN UND POLITIK BETRACHTET WERDEN, UM POLARISIERUNG IN GESELLSCHAFTEN ZU VERSTEHEN.
DIESE ÖFFENTLICHEN ARENEN BEEINFLUSSEN SICH GEGENSEITIG UND GERADE INSTITUTIONELLE AKTEURE WISSEN DAS FÜR IHRE ZWECKE ZU NUTZEN.
#BLM
#ME TOO
WENIGER INSTITUTIONALISIERTE AKTEURE, DIE SELTENER IN TRADITIONELLEN MEDIEN PRÄSENT SIND, NUTZEN SOZIALE MEDIEN, UM EINE 'GEGENÖFFENTLICHKEIT' ZU ERZEUGEN. SOZIALE MEDIEN KÖNNEN AUCH EMPOWERND WIRKEN UND MARGINALISIERTE GRUPPEN VERBINDEN.
COMIC: ©HANNAH BRINKMANN, 2022

Brennen für die Pflege

Wissenschaftlerin Dr. Larissa Zwar
Künstlerin Marlin Beringer

[INHALTLICHE BESCHREIBUNG]

Der Comic illustriert meinen zentralen Forschungsschwerpunkt, der auf der Untersuchung von Bedingungen, Herausforderungen und Folgen informeller Pflegetätigkeit für pflegebedürftige Erwachsene liegt. Diese unbezahlte Pflegearbeit findet hauptsächlich im häuslichen Umfeld durch Angehörige und Freund:innen statt. Obwohl sie den Großteil der geleisteten Pflege in Deutschland ausmacht, ist die unbezahlte Pflege dadurch noch immer nahezu unsichtbar für Gesellschaft und Politik. Im Comic wird auf die meist negativen Folgen der Tätigkeit für Psyche, Körper und den Lebensalltag der Pflegenden eingegangen. Zudem werden einige Bedingungen im Pflegekontext (z.B. Pflegesystem) sowie Eigenschaften der Gepflegten und Pflegenden (z.B. Geschlecht, Arbeitstätigkeit) aufgegriffen, die maßgeblich Verlauf, Anspruch und Auswirkungen von Pflegetätigkeit beeinflussen können. Der Comic stellt dies mit einer exemplarischen Pflegesituation dar, in welcher durch den Farbverlauf der Ressourcenverbrauch der pflegenden Person illustriert wird. Ergänzend werden Informationen zur informellen Pflegearbeit in Deutschland gegeben und hervorgehoben, wie Forschung zu einem besseren Verständnis der Pflegesituation und dadurch zu Ressourcenaufbau und Belastungsverringerung von Pflegenden beitragen kann.

[REFLEXION]

Die Komplexität der psychosozialen Prozesse im informellen Pflegekontext darzustellen ist eine Herausforderung. Marlin Beringer und ich erkannten daher schnell, dass eine vereinfachte Darstellung nötig war, die vor allem die Relevanz und Notwendigkeit informeller Pflege und dessen Erforschung in den Vordergrund rückt. Daher wurde der Fokus im Text auf die Vermittlung von grundlegenden Informationen (Wie viele Pflegebedürftige gibt es? Welche Rolle spielt die informelle Pflege dabei? Was ist eigentlich informelle Pflege?), inklusive einflussreicher Bedingungen, wie system- und personenbedingter Gründe für unbezahlte Pflegetätigkeit (z.B. finanzielle Situation, familiäre Normen), gelegt.

Zur Vermittlung der Vielfältigkeit der Pflege und dessen alltäglichen, psychosozialen und gesundheitlichen Folgen setzten wir hauptsächlich auf die grafische Darstellung mithilfe eines Farbverlaufs. Das allmähliche Ausbleichen der pflegenden Person illustriert ihren Energieverlust, der sich unterschiedlich negativ auf die Pflegenden auswirken kann. Wir diskutierten eingehend die Darstellung der pflegenden Personen, bevor die Entscheidung fiel, diese weiblich darzustellen. Obwohl in späten Lebensphasen ähnlich viele Männer wie Frauen unbezahlt pflegen, sind es insgesamt noch immer hauptsächlich Frauen, die meist parallel zu Beruf (und Fürsorgetätigkeit für Kinder) ihre (Schwieger-)Eltern und Partner:innen pflegen. Dadurch investieren sie einen Großteil ihrer Zeit und Energie im Lauf ihres Lebens in unbezahlte Arbeit. Diese ungleiche Verteilung und Belastung entsteht aus einem komplexen Geflecht von Gesetzen und Normen hinsichtlich bezahlter und unbezahlter Arbeit (Lohnarbeit und Pflegearbeit). Die Komplexität der Pflege griffen wir auch in den vielfältigen Interpretationsmöglichkeiten des Titels auf, der auf die Hingabe und Leidenschaft verweist, die oft von Pflegenden aufgebracht wird (positiv; Brennen für), sich andererseits aber auch auf den Ressourcenverbrauch der Pflegenden (negativ; Verbrennen durch) bezieht. Abschließend nutzten wir „Energieblasen" am Comicende, um die bestehenden und weiter erforschten Möglichkeiten aufzuzeigen, die die Ressourcen der Pflegenden wieder aufladen können. Dies ist ein besonders relevanter Forschungsbereich, da diese Möglichkeiten Pflegenden helfen können mehr positive als negative Erfahrungen aus der Pflege mitzunehmen (z.B. bessere Beziehungsqualität und Zusammenhalt) und nicht alle ihre Ressourcen durch Pflege zu „verbrennen".

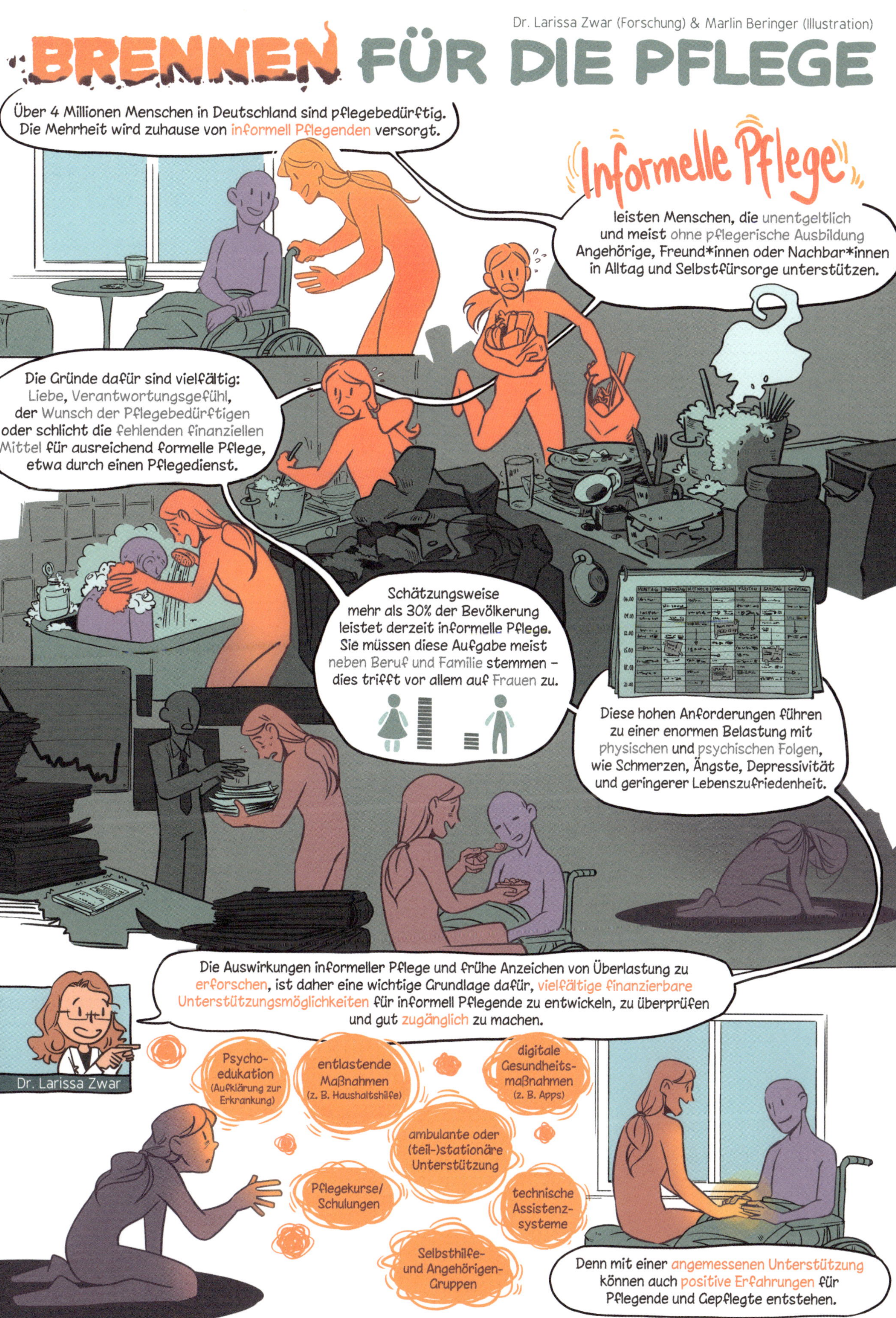
Dr. Larissa Zwar (Forschung) & Marlin Beringer (Illustration)
BRENNEN FÜR DIE PFLEGE
Über 4 Millionen Menschen in Deutschland sind pflegebedürftig. Die Mehrheit wird zuhause von informell Pflegenden versorgt.
Informelle Pflege
leisten Menschen, die unentgeltlich und meist ohne pflegerische Ausbildung Angehörige, Freund*innen oder Nachbar*innen in Alltag und Selbstfürsorge unterstützen.
Die Gründe dafür sind vielfältig: Liebe, Verantwortungsgefühl, der Wunsch der Pflegebedürftigen oder schlicht die fehlenden finanziellen Mittel für ausreichend formelle Pflege, etwa durch einen Pflegedienst.
Schätzungsweise mehr als 30% der Bevölkerung leistet derzeit informelle Pflege. Sie müssen diese Aufgabe meist neben Beruf und Familie stemmen – dies trifft vor allem auf Frauen zu.
Diese hohen Anforderungen führen zu einer enormen Belastung mit physischen und psychischen Folgen, wie Schmerzen, Ängste, Depressivität und geringerer Lebenszufriedenheit.
Die Auswirkungen informeller Pflege und frühe Anzeichen von Überlastung zu erforschen, ist daher eine wichtige Grundlage dafür, vielfältige finanzierbare Unterstützungsmöglichkeiten für informell Pflegende zu entwickeln, zu überprüfen und gut zugänglich zu machen.
Dr. Larissa Zwar
Psycho-edukation (Aufklärung zur Erkrankung)
entlastende Maßnahmen (z. B. Haushaltshilfe)
digitale Gesundheits-maßnahmen (z. B. Apps)
ambulante oder (teil-)stationäre Unterstützung
Pflegekurse/ Schulungen
technische Assistenz-systeme
Selbsthilfe- und Angehörigen-Gruppen
Denn mit einer angemessenen Unterstützung können auch positive Erfahrungen für Pflegende und Gepflegte entstehen.

Umweltschutz im bewaffneten Konflikt

Wissenschaftlerin Dr. Anne Dienelt
Künstlerin Marlin Beringer

[INHALTLICHE BESCHREIBUNG]

Heute ist die „natürliche Umwelt" im Krieg durch das humanitäre Völkerrecht (u. a. die Genfer Konventionen) geschützt: Sie darf grundsätzlich nicht direkt angegriffen werden; Kollateralschäden an der Umwelt können jedoch rechtmäßig sein. Der explizite Schutz der Umwelt im bewaffneten Konflikt wurde erst nach dem Vietnamkrieg in das 1. Zusatzprotokoll zu den Genfer Konventionen aufgenommen. Unterstützend wird die Umwelt im Krieg heute auch durch einzelne Verträge im Umweltvölkerrecht und einige Menschenrechte geschützt. Der Schutz durch das humanitäre Völkerrecht ist nämlich sehr vage gehalten, so dass zur Klärung konkreter Rechtsfragen andere Rechtsgebiete wie umweltvölkerrechtliche Verträge oder Menschenrechte herangezogen werden können. Das genaue Verhältnis dieser Verträge und Rechte gilt es näher zu untersuchen. Dogmatisch gestaltet sich dieses Zusammenspiel der verschiedenen Völkerrechtsgebiete als komplexe Herausforderung. In dem Promotionsprojekt stand daher im Vordergrund, einen sogenannten „Harmonisierungsansatz" zwischen den verschiedenen Völkerrechtsgebieten zu entwickeln, um widersprechende Vertragsverpflichtungen zu vermeiden und damit die Einheit der Völkerrechtsordnung zu wahren. In der Konsequenz kann eine Intensivierung der Rechtspflichten oder eine Konkretisierung von Begriffen erfolgen, welche als Funktionen der Harmonisierung identifiziert wurden.

[REFLEXION]

Die gemeinsame Erarbeitung des Comic-Posters war in vielerlei Hinsicht sehr erkenntnis- und lehrreich. Ausgangspunkt waren einige meiner Veröffentlichungen zu der Thematik, welche ich Marlin Beringer zur Vorbereitung übersandt habe. Marlin hat sich u.a. mit diesen Unterlagen in das Thema eingearbeitet und anschließend mit mir über ihr Verständnis von Jura, des Forschungsthemas und auch meines Lösungsansatzes gesprochen. Dadurch hatte ich zum einen die Möglichkeit zu erfahren, wie eine fachfremde Person meine Texte, welche für ein Fachpublikum geschrieben wurden, versteht. Zum anderen hat sie auch direkt Bilder mit meinen Texten assoziiert und konnte diese für eine erste Skizze des Comic-Posters nutzen. Dieses bildliche Denken ist sicherlich ein Werkzeug, welches ich zukünftig auch im Zuge meiner Arbeit in Forschung und Lehre mehr einsetzen werde. Bilder veranschaulichen Themen und Probleme nicht nur für Laien. Auch einem Fachpublikum kann dadurch der Einstieg in ein Themenfeld vereinfacht werden.

Im Ergebnis haben wir uns entschieden, das Comic-Poster zum Einstieg in die Problematik „Krieg und Umwelt" zu nutzen, um die Relevanz des Themas zu verdeutlichen. Die einleitenden Bilder dienen der Erklärung des Völkerrechts und der für das Recht wichtigen Unterscheidung zwischen Frieden und Krieg, inkl. eines beispielhaften Hinweises auf Agent Orange im Vietnamkrieg. Zudem wird herausgearbeitet, dass das staatenbasierte Völkerrecht u. a. auf Verträgen basiert und diese unterschiedlich ausgelegt werden können. Die von mir in meinem Forschungsprojekt ausgearbeiteten Lösungsansätze werden letztendlich nur in einem Comic-Bild in Form meiner Forschungsfrage visualisiert.

Das finale Bild spricht die Leser:innen direkt an: Nicht nur Staaten und Wissenschaft können und sollten sich mit dem Thema auseinandersetzen, jede:r Einzelne kann Druck auf Staaten erzeugen und sich für einen besseren Umweltschutz im Krieg einsetzen. Mir persönlich hat diese direkte Ermutigung von einzelnen Personen sehr gut gefallen, auch wenn dies in wissenschaftlichen Texten eher unüblich ist. Es wird dadurch klar, dass durch das Comic-Poster auch eine Sensibilisierung für die Thematik intendiert ist und dies nicht nur der Information, sondern auch der Motivation der Gesellschaft dient.

Umweltschutz im Krieg

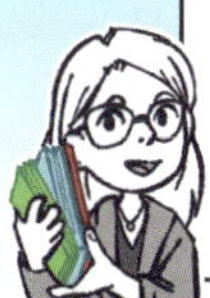

Um gemeinsam auf der Erde zu leben, haben die Staaten Verträge mit den unterschiedlichsten Regeln für unser Zusammenleben geschlossen:

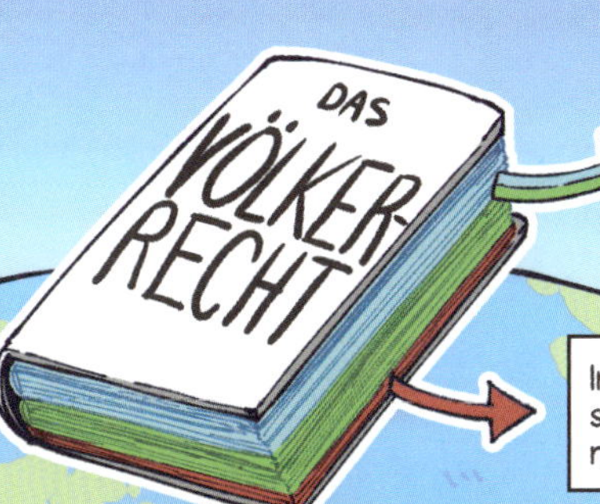

Das Friedensrecht beinhaltet unter anderem Menschenrechte und Umweltvölkerrecht.

Völkerrecht "light"

Im Krieg gilt ein Minimalstandard mit wenigen Regeln, nämlich das Kriegsrecht.

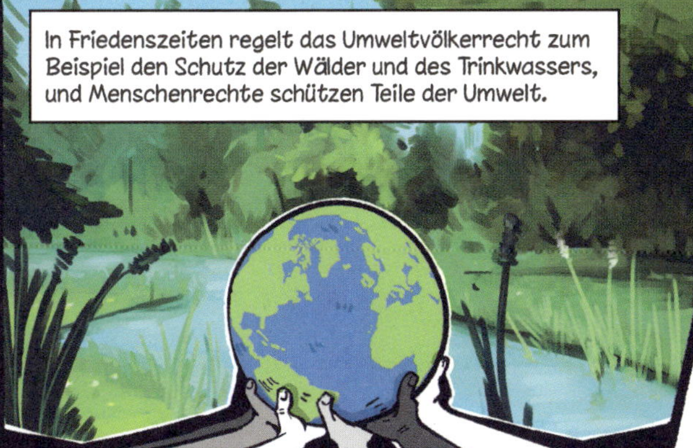

Doch Kriege wie der Vietnamkrieg und der Golfkrieg haben gezeigt, dass Umweltschutz wenig Beachtung findet.

Die wenigen Regeln zum Umweltschutz aus dem Kriegsrecht von 1977 sind ungenau. Andere Regelungen im Umweltvölkerrecht und Menschenrechte sind teilweise aktueller und klarer.

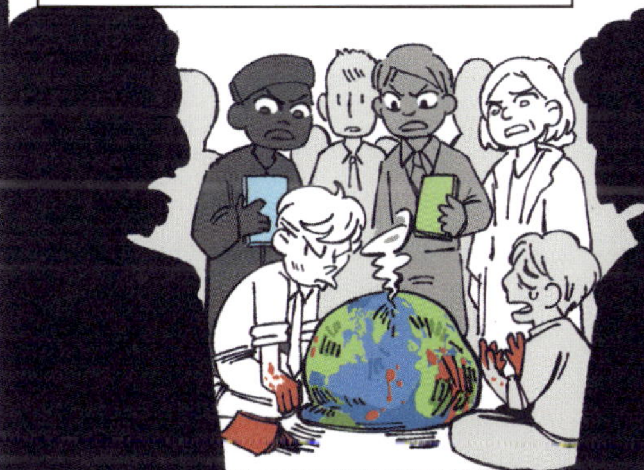

Das stand nicht in den Regeln!

Doch klar, hier!

ich stimme dem Vertrag zu, Staat

Könnte man nicht versuchen, das schlicht gehaltene Kriegsrecht mit Menschenrechten und Umweltvölkerrecht „aufzufüllen"?

Je mehr Staaten diesen Ansatz unterstützen, desto mehr Bestand hat er in der Praxis und vor intenationalen Gerichten.

Zusätzlich können NGOs und wir als Zivilgesellschaft Druck auf Staaten ausüben, um ein nachhaltiges Umweltbewusstsein auch im Krieg zu stärken.

Denn der Schutz der Umwelt dient nicht nur der Natur, sondern letztendlich uns allen als Menschheit!

Inhalt: Dr. Anne Dienelt / Gestaltung: Marlin Beringer

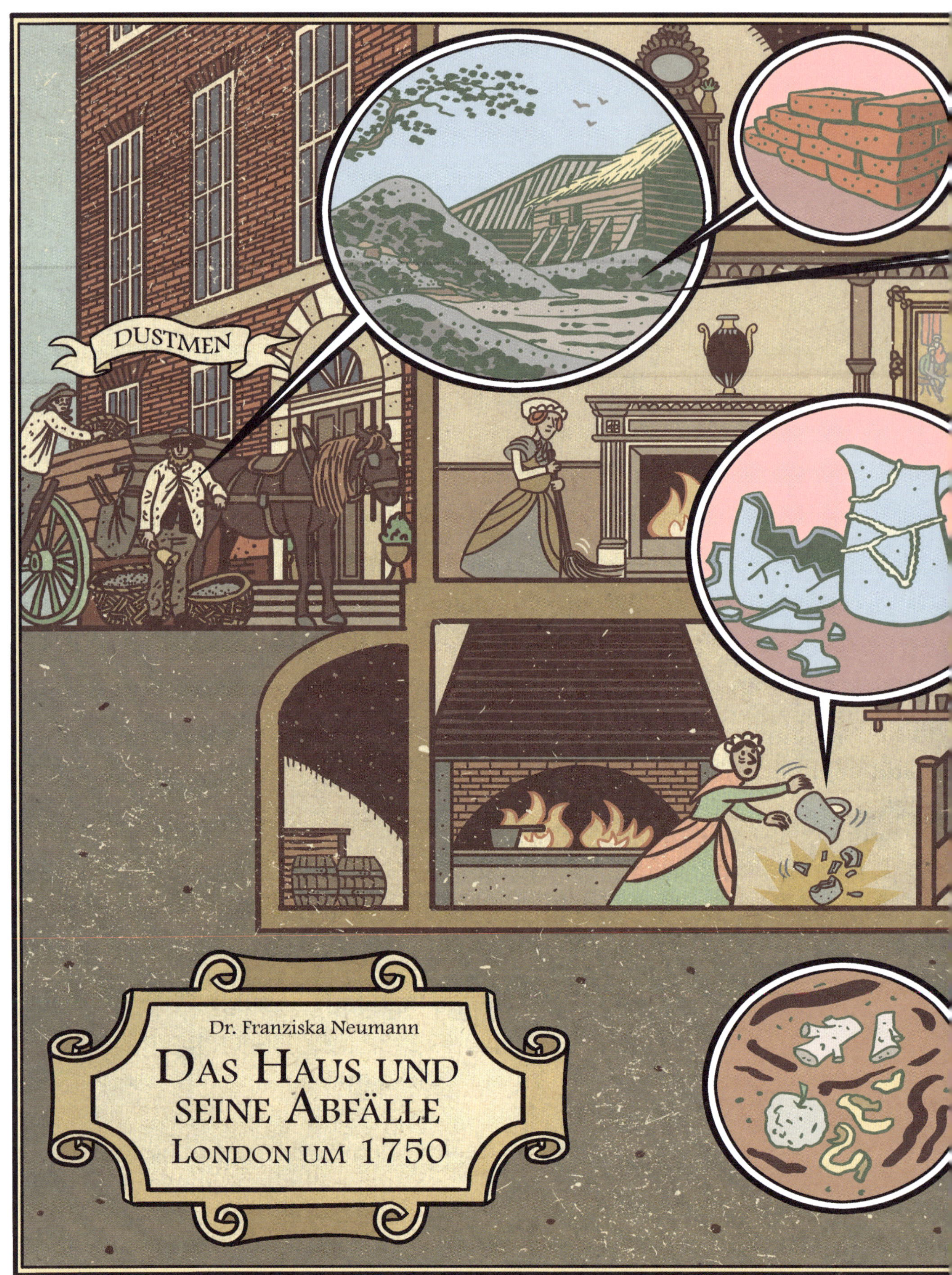
DUSTMEN
Dr. Franziska Neumann
DAS HAUS UND SEINE ABFÄLLE
LONDON UM 1750

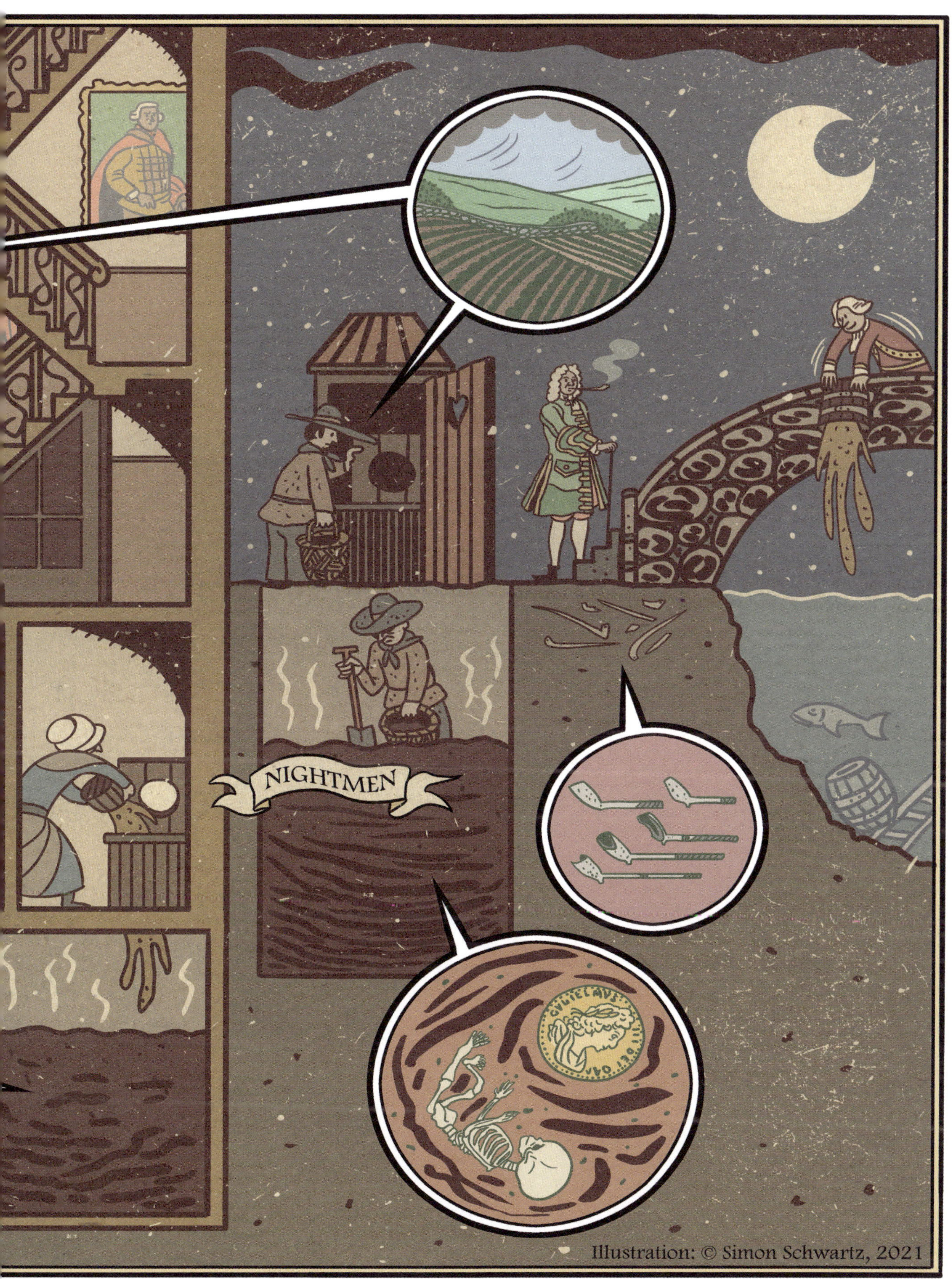
NIGHTMEN
GVLIELMVS III DEI GRA

as Haus und seine Abfälle: London um 1750

ssenschaftlerin Jun.-Prof. Dr. Franziska Neumann
nstler Simon Schwartz

[INHALTLICHE BESCHREIBUNG]

Abfall ist eins dieser Themen, bei denen man scheinbar intuitiv weiß, was das eigentlich ist. Wenngleich jede Gesellschaft irgendeine Art von Rest – seien es Exkremente, Heizreste oder zerbrochenes Geschirr – kannte, verbinden wir das Thema dennoch gerne mit der Gegenwart. Schaut man genauer hin, dann ist dieses liebgewonnene Bild zu grobkörnig: Londons 750.000 Einwohner produzierten im 18. Jahrhundert täglich Unmengen an menschlichen Exkrementen, die vor der Erfindung der Kanalisation irgendwo entsorgt werden mussten. Hinzu kam ein niemals endender Strom an Heizresten. Mit dem Aufkommen neuer Konsumgüter und Luxuswaren veränderten sich auch Gewohnheiten im Umgang mit aus der Mode gekommenen Objekten. Natürlich unterschied sich der Umgang mit Abfall in qualitativer und quantitativer Hinsicht von der Moderne, aber genau das macht es spannend, genauer hinzusehen. Der Comic visualisiert mein aktuelles Forschungsprojekt zu Abfällen in der frühneuzeitlichen Stadt. Im Mittelpunkt des Comics steht ein typischer Londoner Haushalt in der Mitte des 18. Jahrhunderts. Stilistisch als Wimmelbild angelegt, zeigt der Comic, welche Arten von Abfallstoffen in einem typischen Haushalt anfielen und welche Akteure Teil urbaner Abfallregime waren. Zugleich greift der Comic auf einer zweiten Ebene in Form kleiner Blasen auf, in welche Stoffkreisläufe und Abfallökonomien Haushaltsabfälle eingebunden waren.

[REFLEXION]

Mir war es besonders wichtig, gemeinsam mit Simon Schwartz einen Comic zu entwickeln, den ich in verschiedenen akademischen Formaten, etwa zur visuellen Unterstützung in Vorträgen oder in der Lehre, nutzen kann. Daher haben wir uns sehr schnell darauf geeinigt, nicht meine Person, sondern die Inhalte meiner Forschung in den Mittelpunkt zu rücken. Die offene Gestaltung des Comics, ohne kontextualisierende Textblöcke, erlaubt es mir, je nach Bedarf auf verschiedene Aspekte frühneuzeitlicher Abfallregime zu fokussieren. Gerade in der Lehre hat sich der Comic als hervorragender Eisbrecher erwiesen, um spielerisch und ergebnisoffen mit Studierenden über gewisse abfallbezogene Probleme und Phänomene der Frühen Neuzeit ins Gespräch zu kommen: Welche Arten von Abfall fielen eigentlich in einem vormodernen Haushalt an? Welche Akteure, von Dienstboten über Latrinenfeger oder Straßenkehrer, waren an der Entsorgung von Abfällen beteiligt? In welche Abfallinfrastrukturen waren Haushalte eingebettet und was geschah mit Abfällen in der Stadt: Wurden sie entsorgt oder im Rahmen städtischer Abfallökonomien weiterverwertet?

Die kleine Brotdiebin vor Gericht

Wissenschaftlerin Dr. Katharina Isabel Schmidt
Künstlerin Hannah Brinkmann

[INHALTLICHE BESCHREIBUNG]

Unser Comic stellt den für die moderne Rechtsphilosophie zentralen Konflikt zwischen geschriebenem Recht und gelebter Gerechtigkeit dar. Louise Ménard, die es wirklich gab, nahm sich in einem französischen Dorf am Ende des vorletzten Jahrhunderts einen Laib Brot – ohne diesen zu bezahlen. Laut Strafgesetzbuch machte sie sich des Diebstahls schuldig. Der „gute Richter" Paul Magnaud, wie dieser bald genannt wurde, sah das anders. Um der Tatsache gerecht zu werden, dass Louise aus größter Not heraus gehandelt hatte, sprach er sie frei. Wer Hunger habe, den treffe keine Schuld. Der Buchstabe des Gesetzes müsse hier dem Geiste der Gerechtigkeit weichen. Der Fall der „kleinen Brotdiebin" vor dem „guten Richter" gibt uns auch heute noch zu denken. Im Rahmen von Flucht-, Asyl- und Migrationsbewegungen stellt sich immer wieder die Frage: Sind Paragraphen wichtiger als Menschen? Ebenso führt die ungleiche Verteilung gesellschaftlicher Ressourcen damals wie jetzt dazu, dass Mitglieder benachteiligter Gruppen zu „Täter:innen" stilisiert werden. Sowohl die Klimakrise als auch sich immer neu entfachende, bewaffnete Konflikte auf der Welt führen uns die Unzulänglichkeit völkerrechtlicher Regelwerke vor Augen.

[REFLEXION]

Grundsätzlich gestaltet es sich schwierig, rechtsphilosophische Komplexe bildlich darzustellen; jedenfalls wird dies, meines Wissens nach, kaum jemals versucht. Vor diesem Hintergrund ging es in meiner Zusammenarbeit mit Hannah Brinkmann zunächst darum, die Schnittmenge zwischen begrifflicher Klarheit und bildlicher Darstellbarkeit zu ermitteln. Schnell wurden wir uns einig, dass sich ein Gerichtsprozess zu diesem Zweck ganz besonders eignet. Als Rechtshistorikerin will ich nicht nur Geschichten über das Recht, sondern gerade auch über Rechtsanwendende und -unterworfene erzählen. Verhandlungen ermöglichen es, abstrakte Konflikte „auf den Punkt" zu bringen und verständlich zu machen. Der Fall der „kleinen Brotdiebin" vor dem „guten Richter" drängte sich mir daher geradezu auf. Für Hannah, als Künstlerin, war der Gerichtssaal ebenfalls ein ganz besonders spannender Schauplatz, da in diesem abgeschlossenen Raum grundsätzliche Fragen verhandelt werden. Zudem stehen echte menschliche Schicksale im Vordergrund, was den/die Betrachter:in auf einer emotionalen Ebene anspricht. Die nächste Herausforderung bestand für uns dann darin, die Geschichte der kleinen Brotdiebin vor Gericht in nur einer Seite bzw. wenigen Bildern zu erzählen. Als Vorbild für die kreative Umsetzung schlug Hannah die sogenannten „Broadsides" vor, eine im 19. Jahrhundert gängige – nicht selten reißerische – Darstellung von Kriminalfällen und ihren Akteur:innen. Sowohl Hannah als auch mir war ein Gegenwartsbezug wichtig. Aus diesem Grund erarbeiteten wir gemeinsam vier Bilder, die den/die Betrachter:in dazu anregen sollten, sich eigene Gedanken über den Konflikt zwischen geschriebenem Recht und gelebter Gerechtigkeit zu machen. Dabei war es gerade beabsichtigt, dass die Verbindung zwischen bildlicher Darstellung und kurz-gehaltenem Text viel Spielraum für Interpretation lassen sollte. Aus meiner Zusammenarbeit mit Hannah nehme ich für mich selbst den Anspruch mit, in Zukunft mehr so über Rechtsphilosophie zu schreiben, dass man es bildlich darstellen könnte.

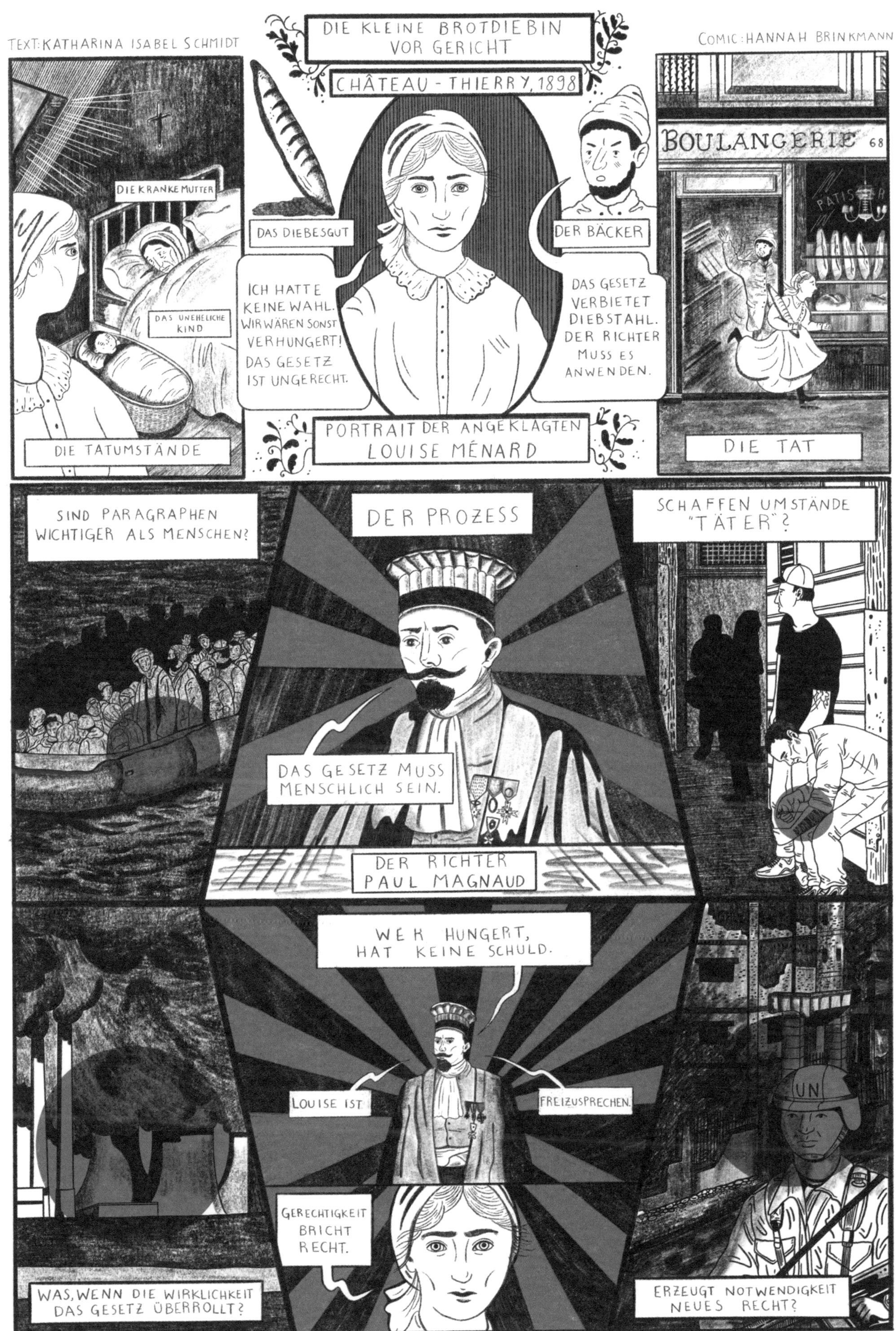

TEXT: KATHARINA ISABEL SCHMIDT
DIE KLEINE BROTDIEBIN VOR GERICHT
CHÂTEAU-THIERRY, 1898
COMIC: HANNAH BRINKMANN
DIE KRANKE MUTTER
DAS UNEHELICHE KIND
DIE TATUMSTÄNDE
DAS DIEBESGUT
ICH HATTE KEINE WAHL. WIR WÄREN SONST VERHUNGERT! DAS GESETZ IST UNGERECHT.
PORTRAIT DER ANGEKLAGTEN LOUISE MÉNARD
DER BÄCKER
DAS GESETZ VERBIETET DIEBSTAHL. DER RICHTER MUSS ES ANWENDEN.
BOULANGERIE 68
PATISSERIE
DIE TAT
SIND PARAGRAPHEN WICHTIGER ALS MENSCHEN?
DER PROZESS
DAS GESETZ MUSS MENSCHLICH SEIN.
DER RICHTER PAUL MAGNAUD
SCHAFFEN UMSTÄNDE "TÄTER"?
WER HUNGERT, HAT KEINE SCHULD.
LOUISE IST
FREIZUSPRECHEN.
GERECHTIGKEIT BRICHT RECHT.
WAS, WENN DIE WIRKLICHKEIT DAS GESETZ ÜBERROLLT?
UN
ERZEUGT NOTWENDIGKEIT NEUES RECHT?

Polluters Should Pay

Wissenschaftler Jun.-Prof. Dr. Alexander Stark
Künstlerin Hannah Brinkmann

[INHALTLICHE BESCHREIBUNG]

Wenn ein Schaden entsteht, sind diejenigen verantwortlich, die diese Schäden verursacht haben. Dieses allgemeine Zurechnungsprinzip („Verursacherprinzip") gilt auch für Umwelt- und Klimaschäden. Die dahinterstehende Idee ist im Grundsatz plausibel: Es erscheint gerecht, dass für einen eingetretenen Schaden nur diejenigen zur Verantwortung gezogen werden sollen, die auch zur Schadensentstehung kausal beigetragen haben. Im Bereich des Strafrechts wird für eine Körperverletzung selbstverständlich nur die Person bestraft, die die Körperverletzung durch eine Handlung verursacht hat. Der Comic illustriert am Beispiel des Klimawandels und dessen Folgen, dass das Verursacherprinzip ein zweischneidiges Zurechnungskriterium darstellt. Im Grundsatz sprechen gute Gründe dafür, diejenigen zur Verantwortung zu ziehen, die kausal zum Klimawandel beigetragen haben. Bei komplexen Schadensverläufen und insbesondere bei klimawandelbedingten Schäden bestehen hingegen Besonderheiten, die nicht selten zur Folge haben, dass die Umwelt- und Klimafolgekosten in der Praxis nicht zugerechnet werden. Eine Zurechnung auf der Grundlage des Verursacherprinzips bleibt oftmals aus, wenn wir es mit Langzeitfolgen, komplexen Verursachungsketten, historischen Emissionen und Ungewissheit über Kausalverläufe zu tun haben. Zudem stellt sich die Frage, ob neben den Verursachern auch diejenigen Verantwortung tragen, die von den Schadensursachen profitieren (Nutznießerprinzip). Der Comic thematisiert diese Aspekte und veranschaulicht, dass Komplexität und Verursachungsketten einer Zurechnung nicht entgegenstehen müssen.

[REFLEXION]

Wissenschaftliche Projekte, die verschiedene Disziplinen zusammenbringen, sind herausfordernd, gesellschaftlich relevant und lohnend. In gleicher Weise gestaltete sich die Zusammenarbeit mit der fantastischen Künstlerin Hannah Brinkmann. Herausfordernd war die gemeinsame Arbeit, weil komplexe Ideen und Zusammenhänge in einen idealerweise übersichtlichen, ansprechenden und pointierten Comic zu übersetzen sind. Wie bei allen Formen disziplinüberschreitender Kommunikation mussten wir eine gemeinsame Sprache finden, die beiden Anforderungen – dem wissenschaftlichen Inhalt einerseits und der Eigenrationalität eines Comics andererseits – Rechnung trägt. Diese Übersetzungsleistung haben wir auf der Grundlage des Vergleichs zwischen dem Monopoly-Spiel und den Verantwortungsstrukturen im Klimakontext umzusetzen versucht. Gesellschaftlich relevant ist interdisziplinäre Forschung, weil sie typischerweise Probleme thematisiert, die nicht nur im Theoriediskurs einer Disziplin beheimatet sind, sondern praktische Wirkung entfalten. Wissenschaftscomics sind in vergleichbarer Weise gesellschaftlich relevant: sie vermitteln Wissen, veranschaulichen komplexe Sachzusammenhänge und tragen Gedanken und Ideen in „die" Gesellschaft. Aus diesem Grund sind Wissenschaftscomics – wie auch interdisziplinäre Forschung – lohnende Unterfangen. Wissenschaftscomics sensibilisieren die Leser:innen für neue Themen und greifen durch die Visualisierung sachlicher Themen auch die emotionale Dimension eines Themas auf. Bei der Aufgabe der Wissenstransformation leisten Wissenschaftscomics deshalb einen wichtigen Beitrag, indem sie Dimensionen eines Themas ans Licht bringen, die durch die wissenschaftliche Sachlichkeit regelmäßig im Verborgenen bleiben.

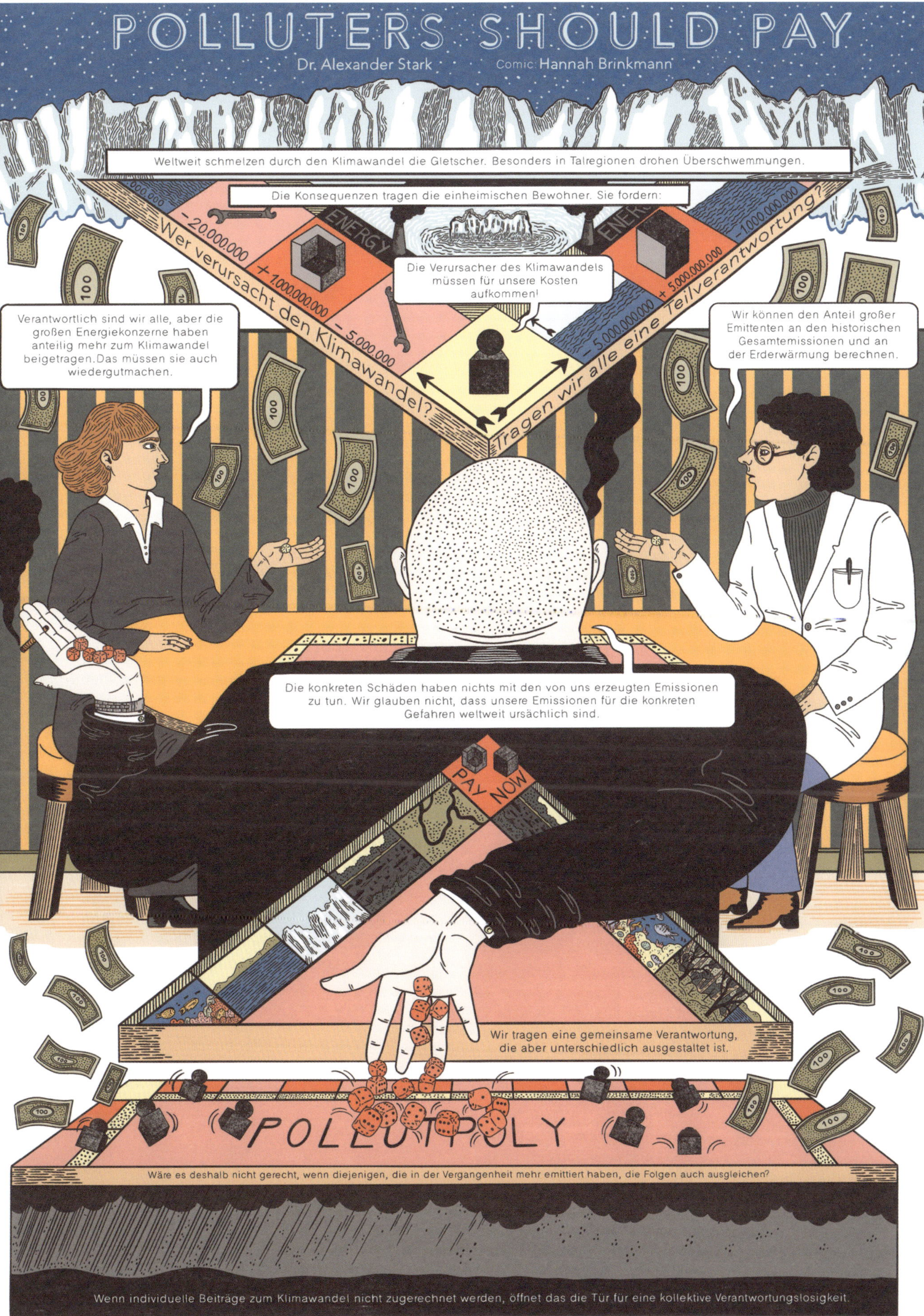
POLLUTERS SHOULD PAY
Dr. Alexander Stark
Comic: Hannah Brinkmann
Weltweit schmelzen durch den Klimawandel die Gletscher. Besonders in Talregionen drohen Überschwemmungen.
Die Konsequenzen tragen die einheimischen Bewohner. Sie fordern:
Die Verursacher des Klimawandels müssen für unsere Kosten aufkommen!
Wer verursacht den Klimawandel?
Tragen wir alle eine Teilverantwortung?
ENERGY
−20.000.000
+1.000.000.000
−5.000.000
+5.000.000.000
−5.000.000.000
−1.000.000.000
Verantwortlich sind wir alle, aber die großen Energiekonzerne haben anteilig mehr zum Klimawandel beigetragen. Das müssen sie auch wiedergutmachen.
Wir können den Anteil großer Emittenten an den historischen Gesamtemissionen und an der Erderwärmung berechnen.
Die konkreten Schäden haben nichts mit den von uns erzeugten Emissionen zu tun. Wir glauben nicht, dass unsere Emissionen für die konkreten Gefahren weltweit ursächlich sind.
PAY NOW
Wir tragen eine gemeinsame Verantwortung, die aber unterschiedlich ausgestaltet ist.
POLLUTPOLY
Wäre es deshalb nicht gerecht, wenn diejenigen, die in der Vergangenheit mehr emittiert haben, die Folgen auch ausgleichen?
Wenn individuelle Beiträge zum Klimawandel nicht zugerechnet werden, öffnet das die Tür für eine kollektive Verantwortungslosigkeit.

GleichbeRECHTigt?

Wissenschaftlerin Prof. Dr. Dana-Sophia Valentiner
Künstlerin Zora Rux

[INHALTLICHE BESCHREIBUNG]

Der Comic „GleichbeRECHTigt?" befasst sich mit dem verfassungsrechtlichen Versprechen der Gleichberechtigung der Geschlechter in Art. 3 Abs. 2 Grundgesetz und spiegelt damit eines meiner zentralen Forschungsthemen wider. Der Comic folgt Thomas und Ebru auf dem Weg ihrer politischen Karriere, wobei Ebru bald feststellen muss, dass diese für sie ungleich schwerere Hindernisse bereithält. Diese reichen von der Herausforderung der Vereinbarkeit von Familie und Politik über die Konfrontation mit geschlechtsbezogenen Stereotypen bis hin zu sexistischer und rassistischer Diskriminierung. Während Ebru darum kämpft, sich zu beweisen und diese Hindernisse zu überwinden, wirft der Comic die Frage nach rechtlichen Fördermaßnahmen für Frauen in der Politik auf und thematisiert die verfassungsrechtliche Zulässigkeit von Paritätsgesetzen. Der Comic zeigt die verfassungsrechtliche Spannungslage zwischen Wahlrechtsgrundsätzen, Parteienfreiheit und Gleichberechtigungsgebot auf und stellt Argumente für und wider dar, die den politischen, aber auch den verfassungsrechtlichen Diskurs prägen.

[REFLEXION]

Es kommt darauf an... so lautet eine beliebte Antwort von Jurist:innen auf die ihnen gestellten Fragen. Es kommt darauf an – und zwar auf den konkreten Fall, die konkreten Beteiligten, die konkreten Umstände, das konkret anzuwendende Recht. Gar nicht so einfach ist es da, komplexe Rechtsfragen in Form eines Comics darzustellen. Die Künstlerin Zora Rux brachte mich schnell darauf, anhand eines Fallbeispiels zu arbeiten. Schließlich lösen wir Jurist:innen immer wieder „Fälle", die es uns zugleich ermöglichen, ein Rechtsproblem zu veranschaulichen. Wichtig war mir aber auch, den Prozess der (rechtlichen) Lösungsfindung in den Comic aufzunehmen. Eine weitere Herausforderung bei der Visualisierung dieses Themas lag darin, nicht selbst in Stereotype zu verfallen. Wir wollten eine mehrfachdiskriminierte Frau in den Mittelpunkt des Falls stellen, ohne jedoch rassistische oder sexistische Stereotype zu reproduzieren.

Die ersten sechs Kacheln zeigen anhand eines realen Falls die Geschlechterungerechtigkeit in der Politik auf. In der sechsten Kachel wird das Transformationspotential von Recht angesprochen: Gesetze können einen Beitrag leisten zur Überwindung von Ungerechtigkeit. Die große siebte Kachel zeigt das Ringen um dieses Recht auf, wobei unterschiedliche Interessen zu berücksichtigen sind. Im parlamentarischen Diskurs treffen sie in Form rechtlicher und politischer Argumente aufeinander, die hier bildlich in die Waagschalen gelegt werden. Das Ringen und Zerren um die Argumente ist so auch ein Ringen um das Recht selbst. Als Rechtswissenschaftlerin ist es meine Aufgabe, Argumente zu hören und entlang rechtlicher Maßstäbe zu sortieren, auf ihre Relevanz zu prüfen und zu gewichten. Deshalb haben wir den zentralen rechtlichen Maßstab dieses Falls, Artikel 3 Absatz 2 Grundgesetz, prominent neben dem Titel des Comics platziert: „Männer und Frauen sind gleichberechtigt. Der Staat fördert die tatsächliche Durchsetzung der Gleichberechtigung von Frauen und Männern und wirkt auf die Beseitigung bestehender Nachteile hin."

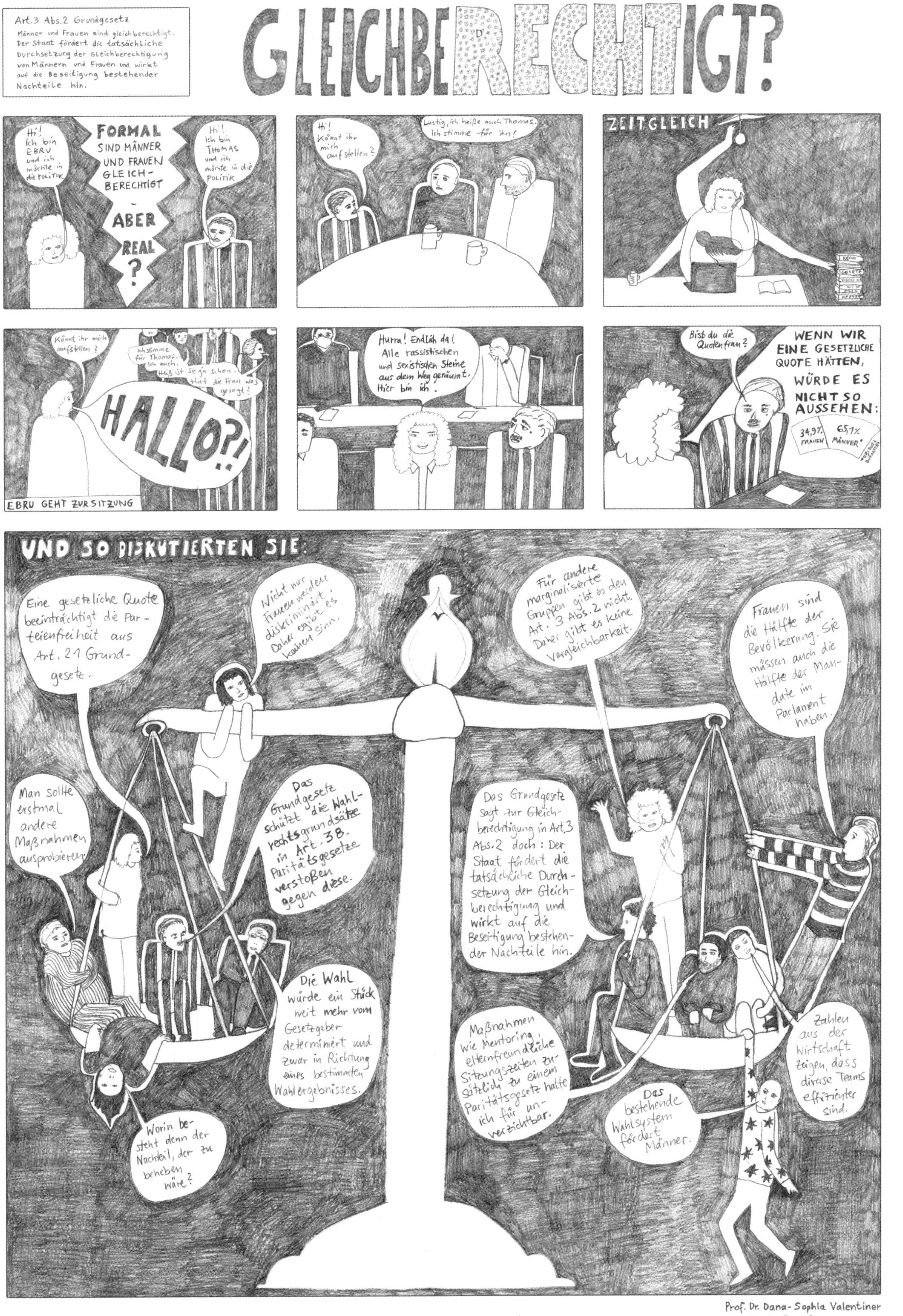

Art. 3 Abs. 2 Grundgesetz
Männer und Frauen sind gleichberechtigt. Der Staat fördert die tatsächliche Durchsetzung der Gleichberechtigung von Männern und Frauen und wirkt auf die Beseitigung bestehender Nachteile hin.

GLEICHBERECHTIGT?

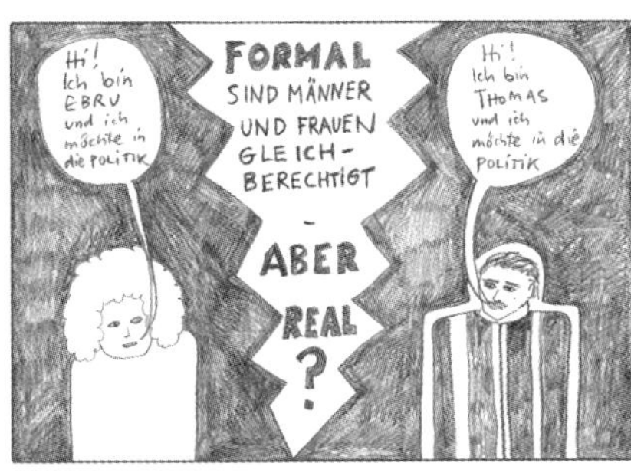

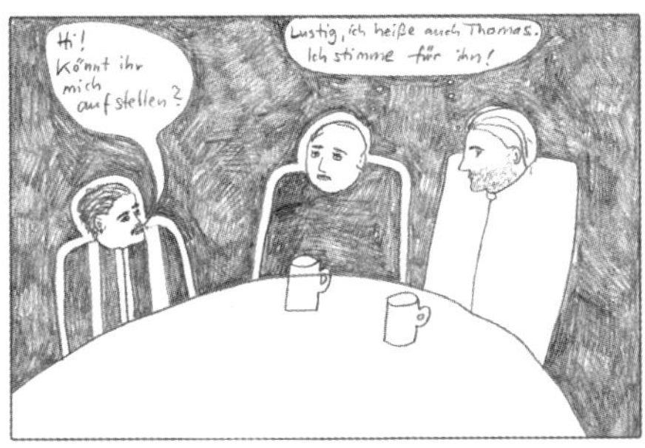

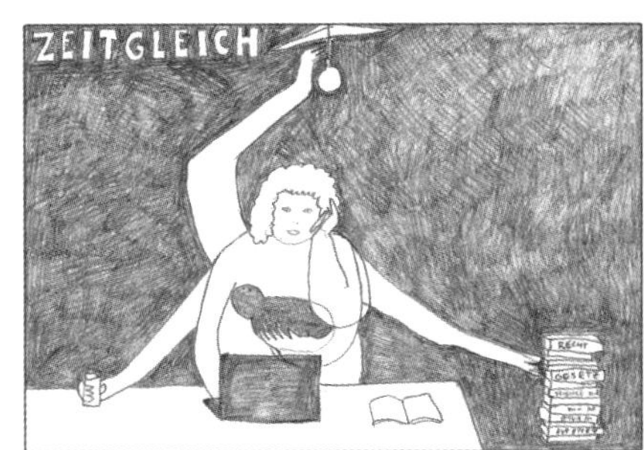

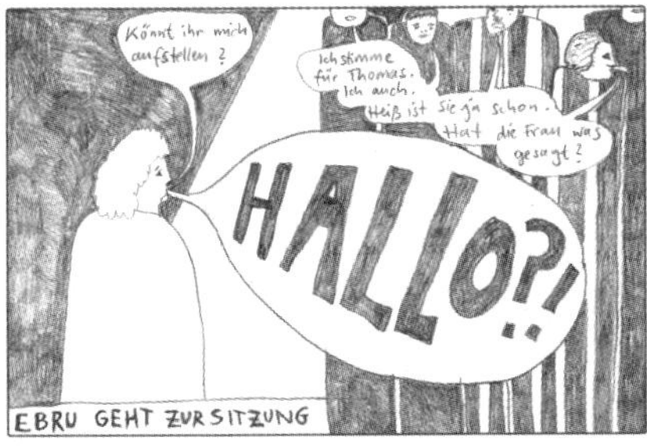

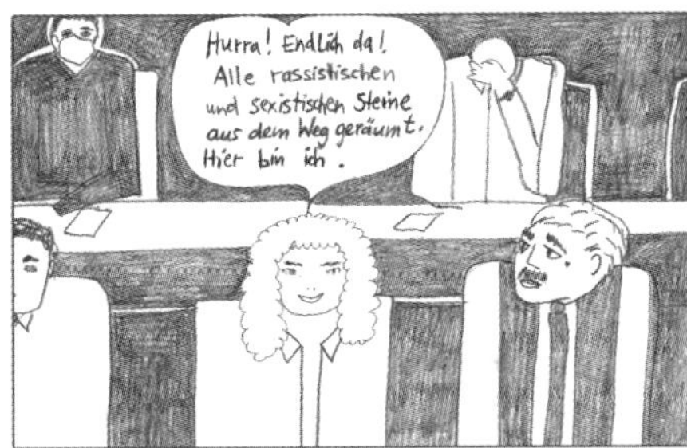

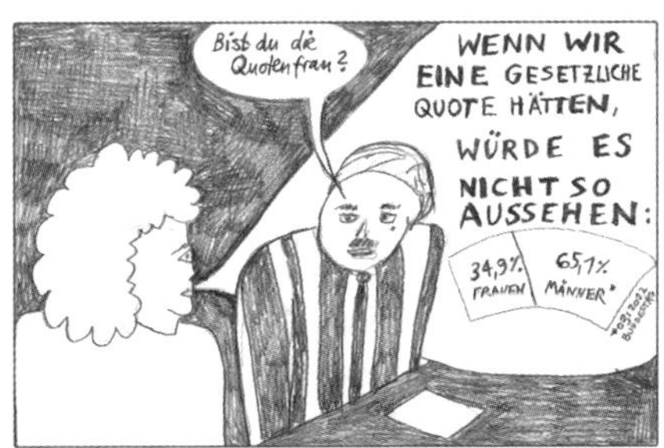

UND SO DISKUTIERTEN SIE:

Eine gesetzliche Quote beeinträchtigt die Parteienfreiheit aus Art. 21 Grundgesetz.

Nicht nur Frauen werden diskriminiert. Daher ergibt es keinen Sinn.

Man sollte erstmal andere Maßnahmen ausprobieren.

Das Grundgesetz schützt die Wahlrechtsgrundsätze in Art. 38. Paritätsgesetze verstoßen gegen diese.

Die Wahl würde ein Stück weit mehr vom Gesetzgeber determiniert und zwar in Richtung eines bestimmten Wahlergebnisses.

Worin besteht denn der Nachteil, der zu beheben wäre?

Für andere marginalisierte Gruppen gibt es den Art. 3 Abs. 2 nicht. Daher gibt es keine Vergleichbarkeit.

Frauen sind die Hälfte der Bevölkerung. Sie müssen auch die Hälfte der Mandate im Parlament haben.

Das Grundgesetz sagt zur Gleichberechtigung in Art. 3 Abs. 2 doch: Der Staat fördert die tatsächliche Durchsetzung der Gleichberechtigung und wirkt auf die Beseitigung bestehender Nachteile hin.

Maßnahmen wie Mentoring, elternfreundliche Sitzungszeiten zusätzlich zu einem Paritätsgesetz halte ich für unverzichtbar.

Das bestehende Wahlsystem fördert Männer.

Zahlen aus der Wirtschaft zeigen, dass diverse Teams effizienter sind.

Prof. Dr. Dana-Sophia Valentiner
Comic: Zora Rux

Wissenschaftlerin Prof. Dr. Stephanie Zehnle
Künstlerin Birgit Weyhe

[INHALTLICHE BESCHREIBUNG]

Anhand des Todesfalles des etwa 14-jährigen Kalfalla im kolonialen Sierra Leone im Jahr 1911 wird erklärt, welch fatale Dynamik sich zwischen dem rassistischen Glauben an kannibalische Verschwörungen und der kolonialen Justiz entspann. Das Opfer war während seiner Initiation in den Männerbund der Poro nachts getötet worden. Ein Zeuge gab der Polizei gegenüber plausibel an, ein Leopard sei nachts in die Hütte eingedrungen und habe Kalfalla angegriffen. Die koloniale Gerichtsmedizin widersprach einer „natürlichen" Todesursache vehement und beharrte darauf, dass nur ein Mensch mit scharfen Gegenständen solche Verletzungen hervorbringen könne. Die christlichen Missionar:innen vor Ort ergriffen ihrerseits die Chance, die von ihnen verhassten indigenen Männerbünde für diesen Mord verantwortlich zu machen. Bei der Initiation der Jungen in den Bund würden regelmäßig Kinder getötet und Teile ihrer Leichen in kannibalischen Ritualen verspeist, so der Verschwörungsmythos.

[REFLEXION]

Mit der Entstehung moderner Comics in der Kolonialzeit wurden Schwarze als entstellte und animalische Menschenfresser gezeichnet – mit Schmuck aus Menschenknochen und brodelnden Kochtöpfen. Es war also eine große Herausforderung, ausgerechnet meine historischen Forschungen über koloniale Gerichtsprozesse gegen angeblich kannibalische „Leopardenmörder" in einen Wissenschaftscomic zu verwandeln. So hatte der populäre Comic-Künstler Hergé gerade diesen kolonialen Gruselstoff über die angeblichen Ritualmörder im Leopardenkostüm um 1930 in die rassistischen Abenteuer von Tim und Struppi im Kongo eingebaut. Birgit Weyhe schlug daher vor, die Panels jenseits kolonialer Hierarchien zu ordnen, auch wenn diese Machtgefälle zeitgenössisch vorhanden waren und bis heute fortwirken.

Zwar habe ich mit Birgit Weyhe koloniale Fotografien rund um die Mordprozesse gesichtet – etwa von Gefängnissen, Poro-Tänzen, Missionsschulklassen usw. –, aber uns war bewusst, dass sie nur Informationen zu visuellen Details wie etwa zeitgenössischer Kleidung, Haartracht oder Landschaft verschiedener Milieus geben können, wohingegen die typische Anordnung mit Weißen in erhöhten Positionen und Schwarzen in erniedrigter Körperhaltung auf historischen Fotos keinesfalls zu kopieren war. Auch die kolonialistische Ordnung mit einzelnen Weißen als Individuen und großen anonymen Gruppen von Schwarzen galt es zu vermeiden. Die gleichberechtigte Darstellung der Akteur:innen in je einem Panel als Portrait versucht diese visuellen Ordnungen der Kolonialzeit zu vermeiden. Die Anordnung kann so zwar klassisch von links nach rechts und von oben nach unten gelesen werden. Es geht jedoch auch anders. Das Tableau zeigt kein festes narratives Muster, sondern kann – abgesehen von klar konturiertem Anfang und Ende – in ganz unterschiedlichen Reihenfolgen sowie auch unvollständig gelesen werden. Dieses Vorgehen visualisiert die Multiperspektivität, die ich historisch rekonstruiert habe. Ebenfalls kann so eine Dynamik der kolonialjuristischen Eskalation verbildlicht werden und dennoch die konfuse Gleichzeitigkeit verschiedener historischer Stimmen und Deutungen in einem Maß von Ausdrucksstärke bestehen bleiben, wie es mit einer wissenschaftlichen Textarbeit mit linearem Textfluss gar nicht möglich ist.

Für mich war es auch ein Anliegen, dass die Gewalt unabhängig von Täterschaft gezeigt wird, gerade weil die Kolonialarchive und die Kolonialpropaganda sie tabuisierten. Nur auf diese Weise wird klar, wie eine koloniale Gesellschaft durch den gewaltsamen Tod von Kindern wie Kalfalla derart aus den Fugen geraten konnte und wie die Kolonialmacht die schockierende Gewalt durch ihre Rolle als Richter noch vervielfachte und daher Verschwörungstheorien über angebliche Kannibalen unabsichtlich weiter befeuerte.

COLONIAL MAN-EATERS

J.Prof. Dr. Stephanie Zehnle
Comic: Birgit Weyhe

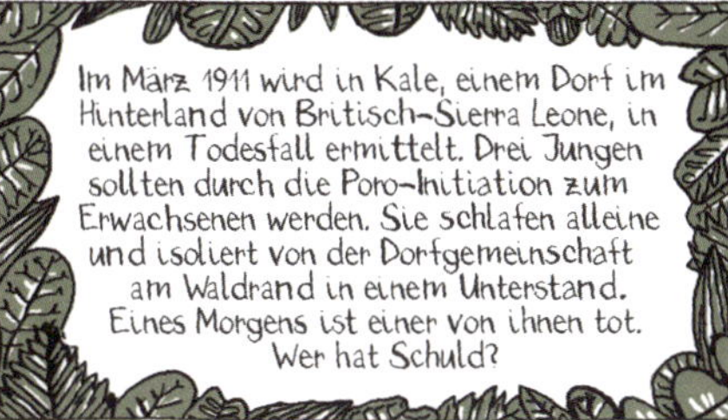

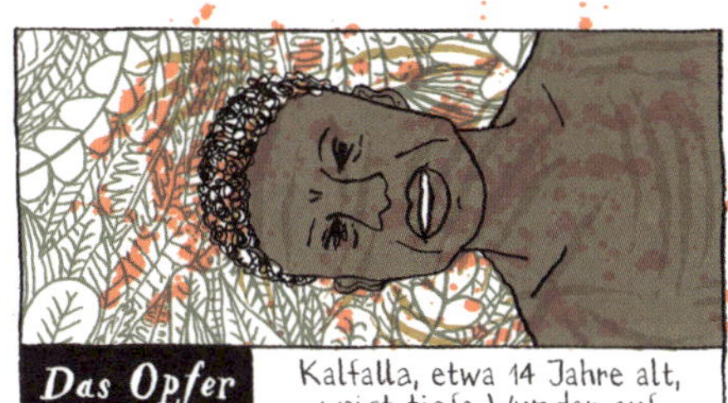

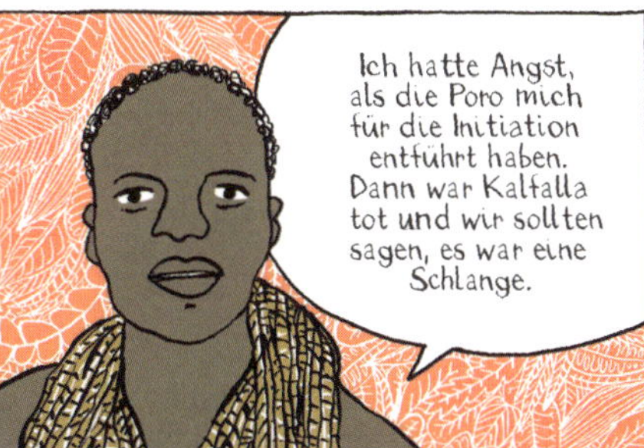

Ich will die Poro-Initiation schaffen und ein Mann werden! Ein Leopard hat Kalfalla getötet.

Der andere Junge

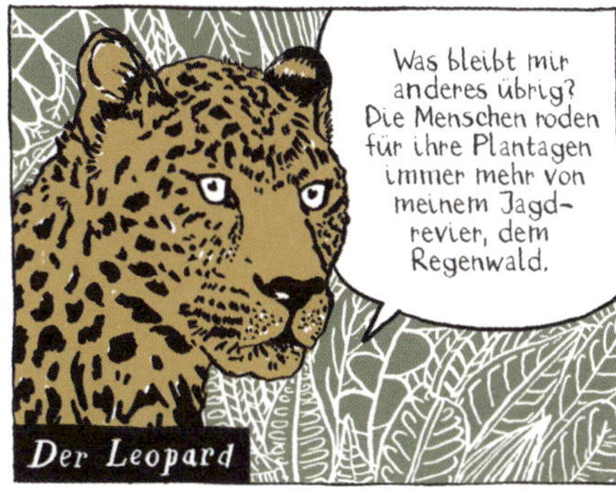

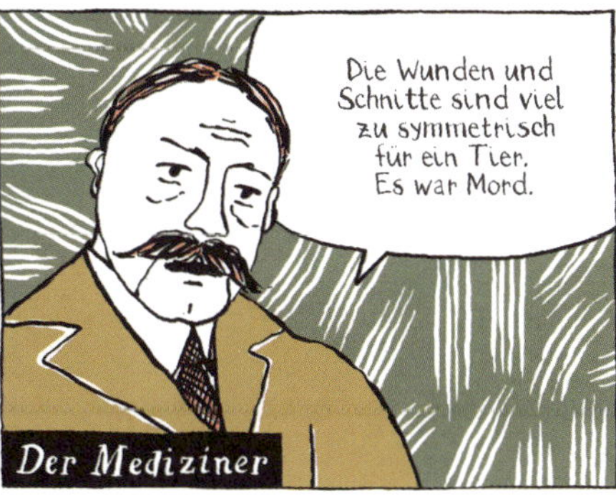

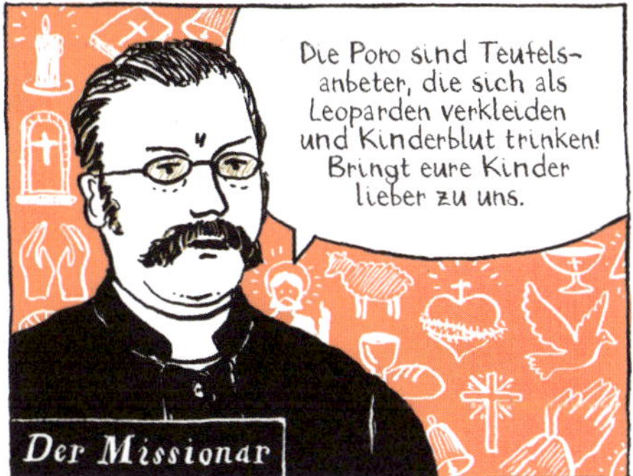

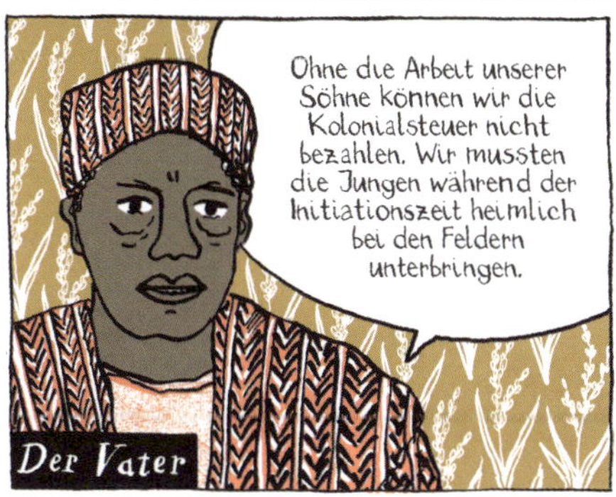

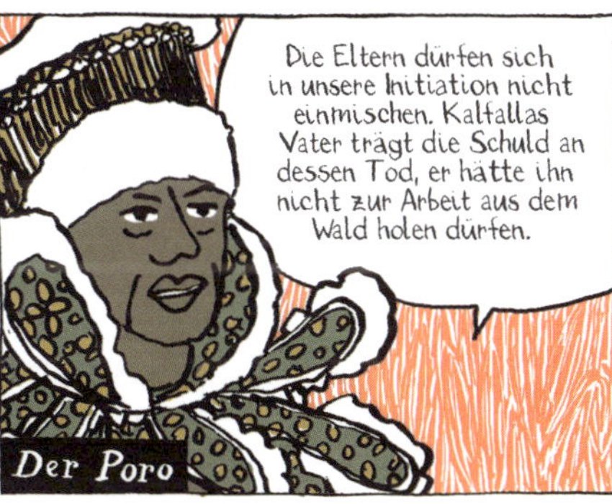

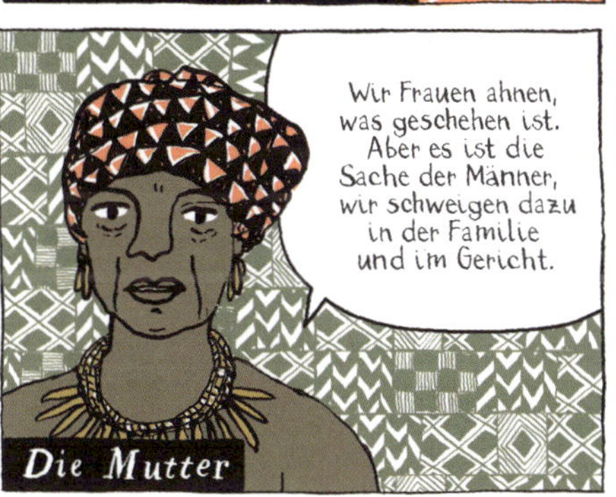

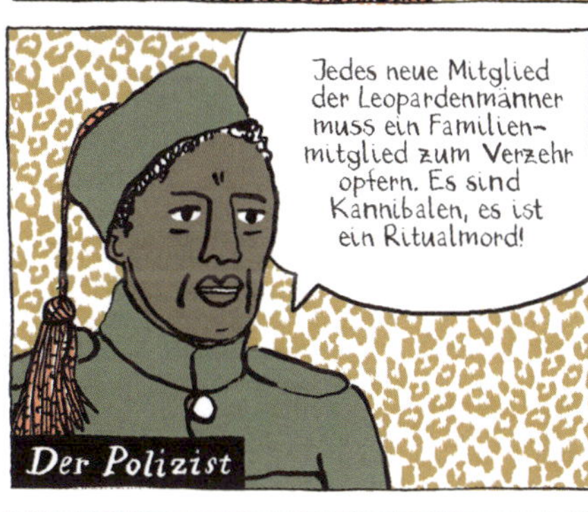

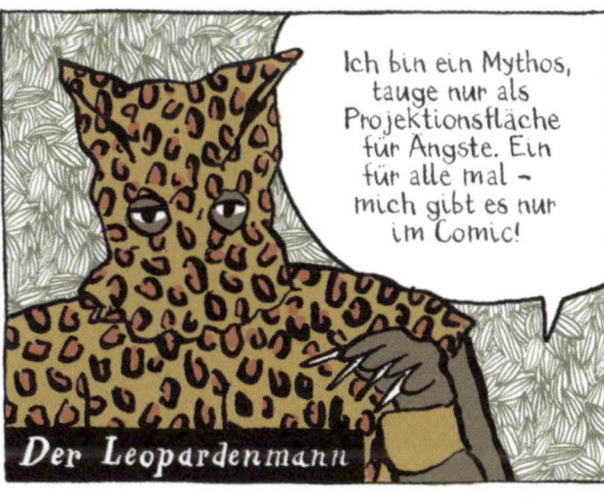

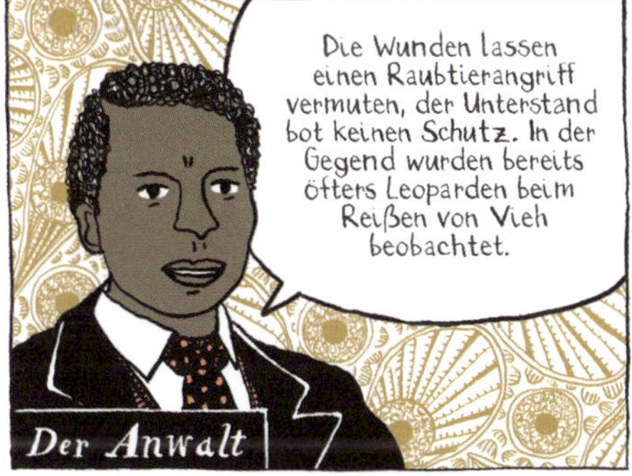

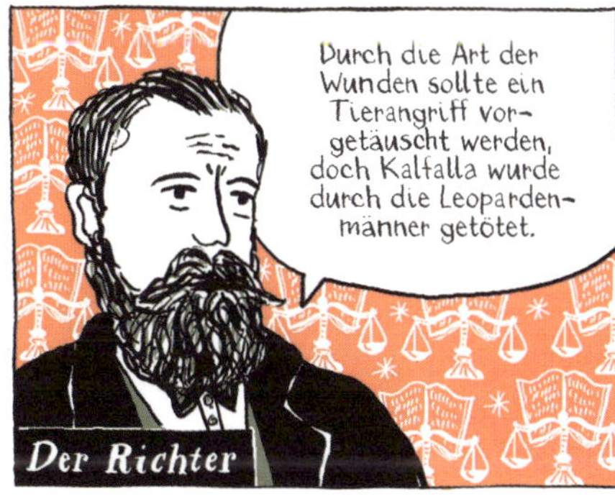

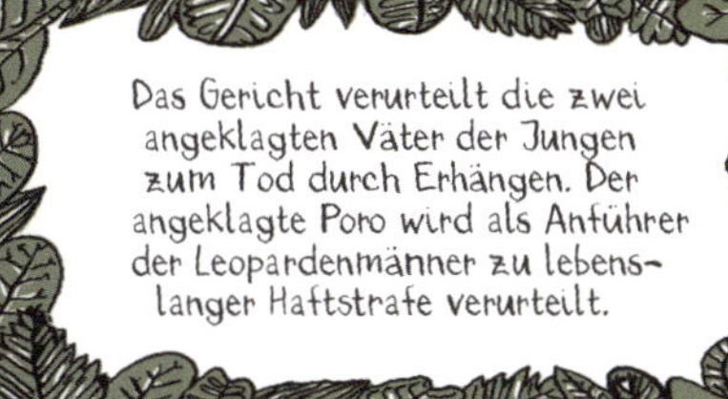

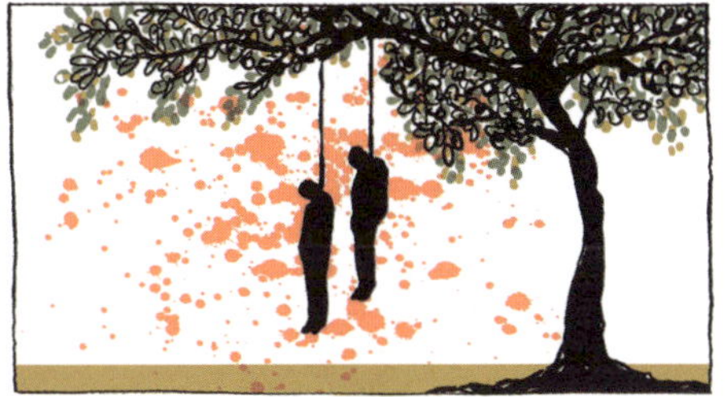

Die Geschichtswissenschaft untersucht nun, wie Unwissen, Missverstehen, Verschwörungstheorien und koloniale Justiz in Afrika eine so fatale Dynamik hervorbrachten.

WiSSENSCHAFTLER:iNNEN

Autor:innen der Young Academy Fellows der Akademie der Wissenschaften in Hamburg

Dr. Marina Creydt • 11
Lebensmittelchemie, Universität Hamburg

Dr. Hermann Diebel-Fischer • 24
Theologie, Technische Universität Dresden

Dr. Anne Dienelt • 40
Rechtswissenschaft, Universität Hamburg

Dr. Vincent Gengnagel • 26
Soziologie, Europa-Universität Flensburg

Jun.-Prof. Dr. Johannes Hertel • 12
Systembiologie, Universitätsmedizin Greifswald

Prof. Dr.-Ing Christian Herzog • 28
Technikethik, Universität zu Lübeck

Dr. Niels Linnemann • 14
Philosophie der Physik, Universität Genf

Jun.-Prof. Dr. Peter Müller • 16
Biogeochemie, Universität Münster

Dr. Colin von Negenborn • 30
Volkswirtschaftslehre & Philosophie, Universität Hamburg

Jun.-Prof. Dr. Franziska Neumann • 45
Geschichtswissenschaften, Technische Universität Braunschweig

Prof. Dr. Paula Prenzel • 32
Wirtschaftsgeographie, Universität Greifswald

Dr. Dennis Redeker • 36
Politikwissenschaften, Universität Bremen

Dr. Katharina Isabel Schmidt • 46
Rechtswissenschaft und Geschichte, Max-Planck-Institut, Hamburg

Dr. Charlotte Schubert • 18
Neurologie, Universitätsklinikum Hamburg-Eppendorf (UKE)

Dr. Bettina Schwab • 20
Neurowissenschaften, University of Twente, Enschede

Dr. Susanne Schwertfeger • Vorwort
Kunsthistorik, Christian-Albrechts-Universität zu Kiel

Dr. Alexander Stark • 48
Rechtswissenschaft, Leuphana Universität Lüneburg

Prof. Dr. Alexander Steen • 22
Künstliche Intelligenz und Logik, Universität Greifswald

Prof. Dr. Dana-Sophia Valentiner • 50
Rechtswissenschaft, Universität Rostock

Dr. Stefan Wallaschek • 34
Politikwissenschaften, Europa-Universität Flensburg

Prof. Dr. Stephanie Zehnle • 52
Geschichtswissenschaften, Universität Passau

Dr. Larissa Zwar • 38
Universitätsklinikum Hamburg-Eppendorf (UKE)

COMiCZEiCHNER:iNNEN

Marlin Beringer • 13 • 39 • 41
leaf-imp.de

Hannah Brinkmann • 35 • 37 • 47 • 49
hannahbrinkmann.com

Hamed Eshrat • 29
eshrat.de

Matteo Farinella • 19 • 23
matteofarinella.com

Melanie Gandyra • 31
melaniegandyra.com

Kirsten Gatterman • 11
kirstengattermann.de

Veronika Mischitz • 20
linktr.ee/verocomics

Zora Rux • 51
zorarux.de

Anna Schulz • 20
anna-schulz.com

Simon Schwartz • 25 • 42/43
simon-schwartz.com

Moritz Stetter • 15 • 17 • 27 • 33
moritz-stetter.de

Birgit Weyhe • 53
birgit-weyhe.de

iMPRESSUM

Autor:innen
der Young Academy Fellows der Akademie
der Wissenschaften in Hamburg

Dr. Marina Creydt
Dr. Hermann Diebel-Fischer
Dr. Anne Dienelt
Dr. Vincent Gengnagel
Jun.-Prof. Dr. Johannes Hertel
Prof. Dr.-Ing Christian Herzog
Dr. Niels Linnemann
Jun.-Prof. Dr. Peter Müller
Dr. Colin von Negenborn
Jun.-Prof. Dr. Franziska Neumann
Prof. Dr. Paula Prenzel
Dr. Dennis Redeker
Dr. Katharina Isabel Schmidt
Dr. Charlotte Schubert
Dr. Bettina Schwab
Dr. Susanne Schwertfeger
Dr. Alexander Stark
Prof. Dr. Alexander Steen
Prof. Dr. Dana-Sophia Valentiner
Dr. Stefan Wallaschek
Prof. Dr. Stephanie Zehnle
Dr. Larissa Zwar

Comiczeichner:innen:
Marlin Beringer
Hannah Brinkmann
Hamed Eshrat
Matteo Farinella
Melanie Gandyra
Kirsten Gatterman
Veronika Mischitz
Zora Rux
Anna Schulz
Simon Schwartz
Moritz Stetter
Birgit Weyhe

Umschlaggestaltung & Layout:
Annette Köhn

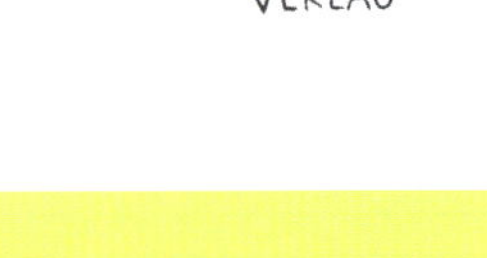

Herausgeber:
Jaja Verlag
Annette Köhn
Tellstraße 2
12045 Berlin
jajaverlag.com

Mitherausgeber:innen:
Charlotte Schubert, Vincent Gengnagel, Larissa Zwar

AKADEMIE DER
WISSENSCHAFTEN
IN HAMBURG

In Kooperation mit:
Akademie der Wissenschaften in Hamburg
Präsident: Prof. Dr. Mojib Latif
Projektkoordination: Wolfgang Denzler
www.awhamburg.de

Finanziert aus Mitteln der Freien und Hansestadt Hamburg.

Herstellung:
Jelgavas tipogrāfija, Lettland

Erstausgabe
Berlin, September 2024

ISBN 978-3-948904-62-3
22 EURO

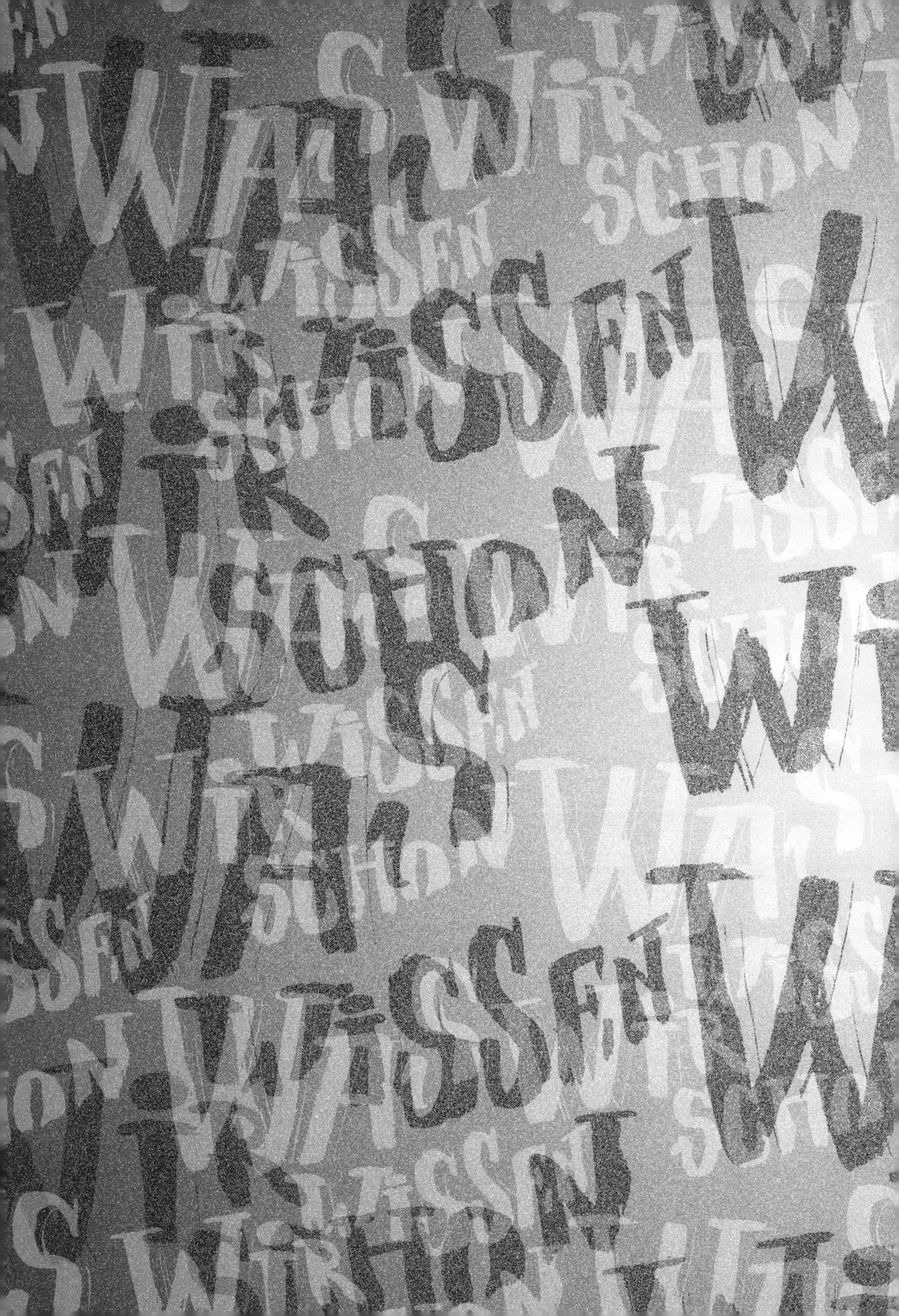